科普图书出版与销售统计报告（2018）

高宏斌　马俊锋　曹金◎著

科学出版社

北京

图书在版编目（CIP）数据

科普图书出版与销售统计报告. 2018 / 高宏斌，马
俊锋，曹金著. 一北京：科学出版社，2019.12
ISBN 978-7-03-062923-4

Ⅰ.①科… Ⅱ.①高… ②马… ③曹… Ⅲ.①科学普
及－图书出版－统计资料－中国－2018 ②科学普及－图书
－销售－统计资料－中国－2018 Ⅳ.①G239.21-66

中国版本图书馆CIP数据核字（2019）第253373号

责任编辑：王亚萍 / 责任校对：杨 然
责任印制：师艳茹 / 整体设计：八度出版服务机构

科学出版社 出版
北京东黄城根北街16号
邮政编码：100717
http://www.sciencep.com

天津市新科印刷有限公司 印刷
科学出版社发行 各地新华书店经销
*
2019年12月第 一 版 开本：720×1000 1/16
2019年12月第一次印刷 印张：10 1/2
字数：200 000
定价：69.00元
（如有印装质量问题，我社负责调换）

前言
Preface

  2016年是"十三五"规划的开局之年，图书出版及销售情况呈现稳步增长态势。纸质图书出版在经受数字出版的冲击后渐渐恢复到正向增长。与此同时，图书零售渠道的结构也发生了重大变化。2016年，网店图书零售的码洋规模达到365亿元，首次超过实体店销售渠道。以当当、京东、亚马逊、天猫书城为代表的大型电商图书销售平台已然成为图书销售的重要途径和通道[①]。2016年，科普图书的发展状况与整个图书行业的发展状况基本一致。

  近年来，科普图书在国家持续大力推进科普工作的背景下平稳发展，在出版种类、数量、质量、销售量等方面都有较大提升。但与之相应的科普图书的统计工作却并未同步跟上，目前除中华人民共和国科学技术部（简称"科技部"）每年出版的《中国科普统计》外，并未见有其他部门或机构针对科普图书的出版与发行工作进行有针对性的统计及调查，这不利于准确把握科普图书市场的整体发展情况。本书采用统筹筛选的方法[②]，以全国图书馆联合编目中心数据库为主要数据来源，对2016年出版的科普图书整体数量和类型等进行统计，并结合北

---

① 范军. 2016–2017中国出版业发展报告[M]. 北京：中国书籍出版社，2017：44.
② 高宏斌，马俊锋. 2015年出版科普图书统计报告[M]. 北京：科学出版社，2018：12.

京开卷信息技术有限公司"全国图书零售市场观测系统"中科普图书的相关销售数据，对该年出版科普图书的销售情况进行分析，详细地呈现2016年科普图书的出版与发行情况。

2016年出版的科普图书在2016年1月1日至2018年6月30日的两年半时间内总销售量达到3 838.09万册，其中实体店总销售量为1 096.16万册，网店总销售量为2 741.93万册；总销售金额为19.74亿元，其中实体店总销售金额为4.07亿元，网店总销售金额为15.67亿元。与2015年出版科普图书在统计时间内的销售情况相比，总销售量略有下降，总销售金额略有上升。值得注意的是，实体店与网店的销售差距进一步拉大，2015年出版科普图书在统计期间实体店与网店的总销售量分别为1 276.07万册和2 586.48万册，总销售金额分别为5.29亿元和12.68亿元，实体店与网店总销售量与总销售金额的差距基本在1倍略高一些；而2016年出版科普图书在统计期间实体店与网店的总销售量的差距接近2倍，总销售金额的差距则在2倍以上。

本书内容主要分为两个部分：第一部分是统计分析，包括2016年科普图书出版概况，出版地、出版社及作译者分析，科普图书销售情况分析等三章；第二部分是附录内容，主要包括科普图书排名情况及科普图书书目等内容。本书是在总结2015年科普图书出版统计经验的基础上进行的，关于科普图书的定义和分类、科普图书数据的来源与提取方法、科普图书数据的提取流程等在《2015年出版科普图书统计报告》一书中均有详细说明，故本书不另作赘述。由于笔者能力所限，而且所提取数据量又非常大，因此在统计、撰写过程中难免有不当之处，恳请广大读者批评指正。

目录
Contents

第三章　科普图书销售情况分析

第一章

2016年科普图书出版概况

第一节 近十年我国科普图书出版概况

从科技部近十年（2006~2016年）的统计情况来看，我国科普图书在出版种类、出版数量等方面总体呈平稳上升势头。就科普图书种类来说（图1-1），近十年来我国科普图书出版种类除2012年和2016年有所波动外，整体呈上升势头。2015年出现爆发式的增长，2016年出版科普图书种类有所回落，但整体仍呈上升趋势。就科普图书印制数量来说（图1-2），虽然近几年经常有所波动，如2008年、2011年、2014年这三个年度都处在印制数量的谷值，但总体仍呈上升趋势，尤其是2015和2016年，更是增长迅速。

就单种科普图书的平均印制数量来说（图1-3），2006年以来总体呈现递减趋势，2012年、2013年有所回升后再次下降，2015年、2016年两年又有所回升。2010年、2011年、2012年、2014年及2015年的单种科普图书平均印制数量均不及1万

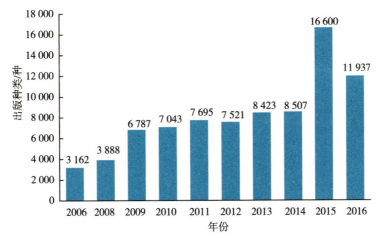

图1-1 2006~2016年科普图书出版种类
（未查到科技部对2007年出版科普图书的统计数据）

册，2014年更是降至谷值，2016年单种科普图书印制数量再次回升至万册以上。就每万人拥有科普图书的数量来看（图1-4），2006~2016年，每万人拥有科普图书的数量大多在600册以下，2013年也只有654册，只有2011年和2015年突破了千册，2016年又降至千册以内。

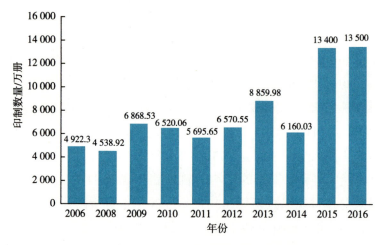

图1-2　2006~2016年科普图书印制数量

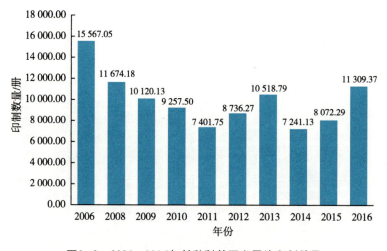

图1-3　2006~2016年单种科普图书平均印制数量

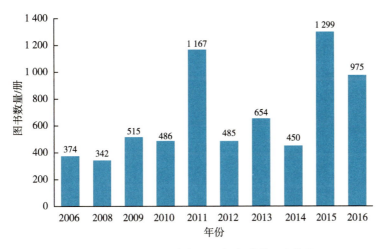

图1-4 2006~2016年每万人拥有科普图书数量

就科普图书出版种类在当年出版图书种类中所占比例来说（图1-5），2015年出版科普图书种类占当年出版图书种类的3.49%，为近些年的峰值。

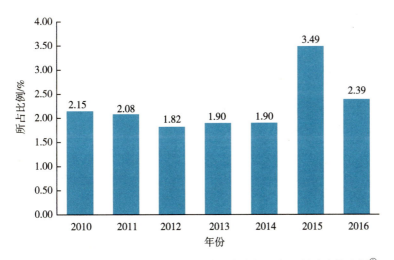

图1-5 2010~2016年科普图书出版种类占当年图书出版种类的比例①

---

①科技部在统计2006年、2008年、2009年这三年科普图书数据时是统计当年的自然科技类图书种类，2010年后改为统计当年出版图书总数，因此未把这三年的数据计入统计。

第二节 2016年科普图书出版概况

2016年是"十三五"规划的开局之年，在国家大力鼓励科学普及的背景下，科普图书的出版成绩虽然比2015年有所降低，但总体呈现稳定发展趋势。

据《中国科普统计（2017年版）》显示，2016年，全国共出版科普图书11 937种，比2015年减少4 663种，占当年全国出版图书种数的2.39%；2016年全国科普图书的发行量达到1.35亿册，比2015年增加129.54万册，占2016年全国图书总发行量的1.49%；2016年，单种科普图书平均出版量为11 299册，比2015年增加40.41%，平均每万人拥有科普图书975册[①]。

本书在总结2015年出版科普图书统计经验的基础上，采用统筹筛选法从全国图书馆联合编目中心数据库中共提取出2016年出版科普图书14 014种，这与《中国科普统计（2017年版）》发布的2016年出版科普图书总数有出入，数据相差2 000种有余。同样，运用统筹筛选法对2015年出版科普图书进行统计的结果与《中国科普统计（2016年版）》的统计结果基本相同，2016年两种统计结果有出入的原因可能与统计方式不同有关，其更为具体的原因尚需进一步探究，此处暂且不表。2016年出版的科普图书中，核心科普图书有6 528种，占所提取科普图书总数的46%；一般科普图书有2 903种，占所提取科普图书总数的21%；泛科普图书有4 583种，占所提取科普图书的33%（图1-6）。

[①]中华人民共和国科学技术部. 中国科普统计（2017年版）[M]. 北京：科学技术文献出版社，2016：76.

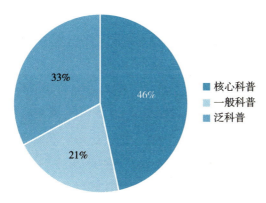

图1-6 2016年科普图书类型比例图

2016年出版科普图书学科分布统计情况

从学科分布来看（图1-7），R类（医药、卫生）、T类（工业技术）、Q类（生物科学）、G类（文化、科学、教育、体育）、S类（农业科学）等几类科普图书数量最多，均在千种以上。与2015年的出版情况相同，R类和T类科普图书仍然占据了第一位

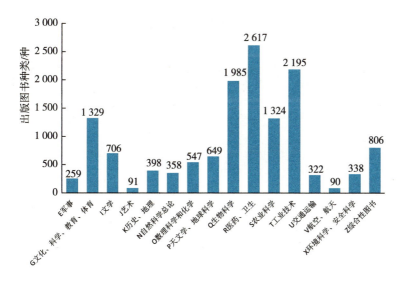

图1-7 2016年出版科普图书学科分布情况

和第二位，数量分别为2 617种和2 195种。G类科普图书较2015年有大幅减少，从第三位落至第四位。而Q类与2015年相比则有大幅增长，上升至第三位。可以看出，医药、卫生，工业技术，生物科学，文化、科学、教育、体育类等领域仍然是目前科学普及的主要内容。

从科普图书类型与学科分布的交叉情况来看（表1-1），核心科普图书主要集中在Q类（生物科学）、G类（文化、科学、教育、体育）、Z类（综合性图书）、P类（天文学、地球科学）和O类（数理科学和化学）等几类学科，总数达4 546种，约占2016年出版核心科普图书总数的69.64%。一般科普图书则主要集中在R类（医药、卫生）及S类（农业科学）等学科，这两类学科中一般科普图书总数有2 215种，约占2016年出版一般科普图书总数的76.30%。泛科普图书主要集中在T类（工业技术）、R类（医药、卫生）及I类（文学）等学科，这三类学科中泛科普图书的总数为3 170种，约占当年泛科普图书总数的69.17%。

表1-1　2016年出版科普图书类型与学科分布交叉表

（单位：种）

科普图书学科分类	科普图书类型			合计
	核心科普	一般科普	泛科普	
E军事	118	118	23	259
G文化、科学、教育、体育	935	128	266	1 329
I文学	93	0	613	706
J艺术	2	17	72	91
K历史、地理	96	0	302	398
N自然科学总论	257	2	99	358

续表

科普图书学科分类	科普图书类型			合计
	核心科普	一般科普	泛科普	
O数理科学和化学	513	3	31	547
P天文学、地球科学	577	28	44	649
Q生物科学	1 723	47	215	1 985
R医药、卫生	385	1 221	1 011	2 617
S农业科学	173	994	157	1 324
T工业技术	357	292	1 546	2 195
U交通运输	155	0	167	322
V航空、航天	87	0	3	90
X环境科学、安全科学	259	47	32	338
Z综合性图书	798	6	2	806
合计	6 528	2 903	4 583	14 014

2016年出版科普图书译著情况分析

在提取的科普图书中，译著有2 845种，约占当年科普图书总数的20.30%，与2015年出版的科普图书译著在数量上基本持平。从译著来源来看（图1-8），译著主要来源于美国、英国、法国、日本、韩国、加拿大、德国等25个国家或地区，其中译自美国、英国、法国、日本、韩国等几个国家的科普图书最多，合计2 412种（分别为美国694种、英国552种、法国535种、日本316种、韩国315种），占2016年出版科普图书译著总数的84.78%。

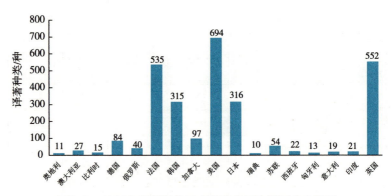

图1-8 2016年出版科普图书译著主要来源国分布情况

从译著类科普图书的学科分布情况来看（图1-9），Q类（生物科学）、I类（文学）、K类（历史、地理）、T类（工业技术）、G类（文化、科学、教育、体育）等几个学科的图书数量较多。值得注意的是，与2015年相同，I类科普图书译著数量仍相对较多，外国科幻小说在中国仍非常受欢迎。

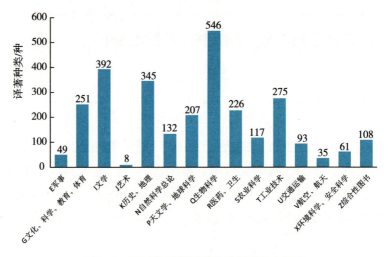

图1-9 2016年科普图书译著学科分布情况

为统计方便，笔者将图书编目信息中的少儿读物和儿童读物统一为"少儿读物"；将少年读物、青年读物、青少年读物统一为"青少年读物";将普及读物、通俗读物等统一为"普及读物";将图解、指南、图集、手册等统一为"特定人群读物"①。除未注明目标人群的科普图书之外,就科普图书标明的目标人群来看(图1-10),少儿读物最多,共有1 325种,约占译著类科普图书总数的46.57%,与2015年同类科普图书的种类基本持平;其次是面向大众的普及读物,共有339种,约占译著类科普图书总数的11.92%;面向青少年和特定人群的科普图书译著数量相对要少一些,这一情况与2015年科普图书译著的目标人群的分布情况也基本相似。

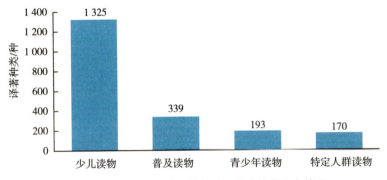

图1-10　2016年出版译著类科普图书读者分布情况

2016年出版科普图书丛书分析

2016年出版的科普图书中,丛书有1 521种。从学科分布来看(图1-11),丛书多集中于Q类(生物科学),Q类科普图书丛书有489种,占丛书总数的32.15%;其次是G类(文化、科学、教育、体育)、Z类(综合性国书)和R类(医药、卫生)科普图书丛书。

---

①高宏斌,马俊锋.2015年出版科普图书统计报告[M].北京:科学出版社,2018:36.

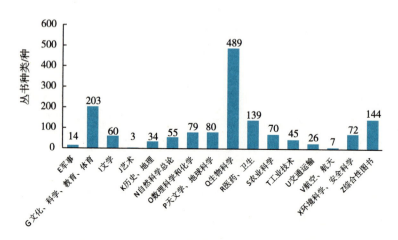

图1-11　2016年出版科普图书丛书学科分布情况

就丛书面向的读者群而言（图1-12），与2015年的丛书出版情况相似，少儿读物在丛书中占有很大比重，共有1 118种，约占丛书总数的73.50%。特定人群读物和青少年读物在丛书中也占有一定的比例。

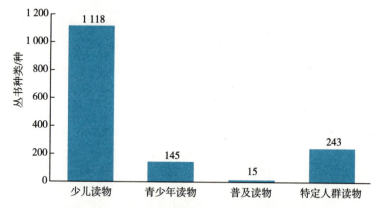

图1-12　2016年出版科普图书丛书读者分布情况

2016年出版科普图书定价情况分析

从定价情况来看（图1-13），价格在10～20元的科普图书数量最多，有3 382种，占2016年出版科普图书总数的24.13%。价格在20～30元及30～40元的科普图书，数量分别为3 299种和2 675种，分别占2016年出版科普图书总数的23.54%和19.09%。整体来看，2016年出版的科普图书价格不高。

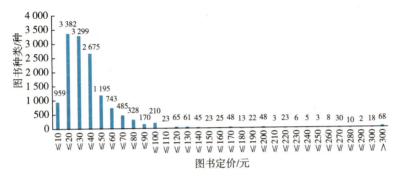

图1-13 2016年科普图书定价分布情况

从科普图书学科与价格的交叉情况来看（表1-2），在0～10元价格区间中G类（文化、教育、科学、体育）图书最多，有311种，占该价格区间科普图书总数的32.43%；在10～20元价格区间中Q类（生物科学）图书最多，有873种，占该价格区间科普图书总数的25.81%；在20～30元的价格区间中最多的科普图书则是R类（医药、卫生），有668种，占该价格区间科普图书总数的20.25%；在30～40元的价格区间中最多的科普图书仍是R类图书，共857种，占该价格区间科普图书总数的32.04%。各学科较为集中的价格区间是10～20元，共有3 382种，占该年科普图书总数的24.13%；其次是20～30元和30～40元两个价格区间，分别为3 299种和2 675种，分别占该年科普图书总数的23.54%和19.09%。

表1-2　2016年出版科普图书学科及价格情况交叉表

科普图书学科分类	价格区间/元										
	0~10（含10元）	10~20（含20元）	20~30（含30元）	30~40（含40元）	40~50（含50元）	50~60（含60元）	60~70（含70元）	70~80（含80元）	80~90（含90元）	90~100（含100元）	100以上
E军事	20	50	37	44	25	30	14	8	11	7	13
G文化、科学、教育、体育	311	369	252	213	84	39	26	12	4	6	13
I文学	8	227	245	143	55	13	7	1	5	5	2
J艺术		1	5	4	10	15	11	18	5	18	4
K历史、地理	36	41	79	26	47	50	24	15	24	17	39
N自然科学总论	2	82	93	37	37	23	12	7	6	11	48
P天文学、地球科学	8	125	258	108	12	25	27	9	19	9	49
Q生物科学	46	873	475	205	84	38	43	14	12	31	164
O数理科学和化学	156	237	42	21	24	34	11	9	6	3	4

续表

科普图书学科分类	价格区间/元											
	0~10（含10元）	10~20（含20元）	20~30（含30元）	30~40（含40元）	40~50（含50元）	50~60（含60元）	60~70（含70元）	70~80（含80元）	80~90（含90元）	90~100（含100元）	100以上
R医药、卫生	162	281	668	857	250	150	60	96	21	15	57
S农业科学	36	342	387	250	85	56	31	20	24	22	71
T工业技术	37	191	370	585	391	204	168	99	32	57	61
U交通运输	4	103	56	57	45	23	16	6		5	7
V航空、航天	1	42	15	10	6	6	3	1		1	5
X环境科学、安全科学	26	135	108	36	12	3	7	3	1		7
Z综合性图书	106	283	209	79	28	34	25	10	5	3	24
总计	959	3 382	3 299	2 675	1 195	743	485	328	170	210	568

2016年出版科普图书页数情况分析

统计（图1-14）显示，2016年出版科普图书中页数在101~200页的图书数量最多，有4 226种，占该年科普图书总数的30.15%；其次为1~100页和201~300页的图书，数量分别为3 893种和2 750种，分别占该年科普总数的27.78%和19.62%。这一情况与2015年出版的科普图书页数情况基本相同。

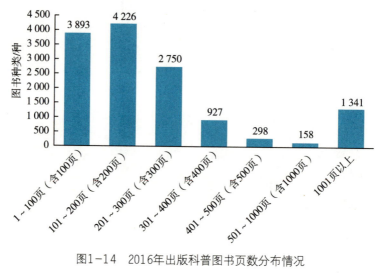

图1-14　2016年出版科普图书页数分布情况

第三节　小　　结

与2015年相比，虽然2016年出版的科普图书在种数上略有下降，但在科普图书印制总量和单种科普图书平均印制量方面均有显著提高。整体来看，2016年科普图书出版仍呈上升发展的态势，图书内容、价格、页数、译著数量等均与2015年基本相同，没有太大变化。2016年，政府在持续重视科普事业发展的基础上，进一步鼓励繁荣科普创作，这为科普图书出版的进一步发展提供了良好的外部条件。另外，越来越多的科研工作者开始从事科普创作，这也为科普图书的发展提供了内在动力。

第二章

出版地、出版社及作译者分析

第一节　出版地分析

　　统计结果显示，2016年全国共有55个城市出版科普图书，其中北京、长春、上海、南京、武汉出版的科普图书数量位列前5位，合计出版科普图书9 005种，占全国出版科普图书总数的64.25%。北京出版的科普图书数量最多，有6 732种，占全国出版科普图书总数的48.03%，以绝对优势高居榜首；长春、上海、南京、武汉出版的科普图书分别为620种、619种、532种、502种，位列北京之后（图2-1，因版面局限，本图只显示出版科普图书数量在100种以上的城市）。这一统计结果与科技部《中国科普统计（2017年版）》公布的统计结果有差异。在出版地分析方

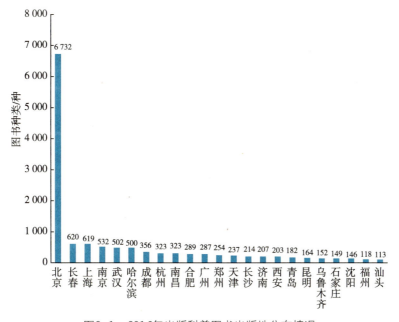

图2-1　2016年出版科普图书出版地分布情况

面，科技部是以省级行政区划为单位进行统计的，其前5位分别是北京、浙江、上海、江西和天津，本书则是以市为单位进行统计的；在出版数量方面，科技部的统计结果显示，北京、上海在2016年出版的科普图书数量分别为3 572种和972种，与本书的统计结果略有不同。

2016年，北京、长春、上海、南京、武汉等5个城市科普图书出版单位共有289家，其出版单位数量依次为207家、14家、37家、17家、14家。这5个城市中科普图书出版单位平均出版科普图书的数量依次为33种、44种、17种、31种、36种。其中，出版科普图书数量最多的出版单位分别为化学工业出版社（571种）、北方妇女儿童出版社（133种）、上海科学普及出版社（160种）、江苏凤凰科学技术出版社（265种）、湖北科学技术出版社（150种）。从以上统计数据可以看出，北京虽然在科普图书出版数量、出版单位数量等方面占有绝对优势，但在出版单位平均出版科普图书数量上并不突出，甚至低于长春、武汉。

出版地与学科分布分析

从表2-1可以看出，北京出版的科普图书集中在T类（工业技术）学科领域，长春、武汉出版的科普图书多集中在Q类（生物科学），上海、南京出版的科普图书则多集中在R类（医药、卫生）。总体来看，这5个城市出版的科普图书主要集中在R类（医药、卫生）、T类（工业技术）和Q类（生物科学）。

表2-1 2016年出版地前5位出版科普图书学科分布

（单位：种）

科普图书学科分类	北京	长春	上海	南京	武汉	合计
Z综合性图书	349	37	47	13	43	489
X环境科学、安全科学	168	18	10	6	6	208

续表

科普图书学科分类	北京	长春	上海	南京	武汉	合计
V航空、航天	44	3	1	3	3	54
U交通运输	245	14	4	2	7	272
T工业技术	1 452	59	33	88	17	1 649
S农业科学	671	36	17	32	77	833
R医药、卫生	1 254	54	161	173	61	1 703
Q生物科学	729	257	126	55	110	1 277
P天文学、地球科学	272	20	36	16	26	370
O数理科学和化学	215	25	20	8	28	296
N自然科学总论	146	9	29	16	13	213
K历史、地理	174	14	19	5	34	246
J艺术	75	1	5	0	2	83
I文学	251	24	27	31	32	365
G文化、科学、教育、体育	515	28	80	81	36	740
E军事	172	21	4	3	7	207
合计	6 732	620	619	532	502	9 005

出版地与科普图书类型分析

就科普图书类型而言，北京、长春、上海、南京、武汉等地出版的核心科普图书较多（图2-2），共有3 887种，占这5个城市出版科普图书总数的43.16%，占2016年全国出版核心科普图书总数的59.54%。这5个城市出版的一般科普图书和泛科普图书分别为2 056种、3 062种，分别占5个城市出版科普图书总数的22.83%和34.00%，分别占2016年全国出版一般科普图书和泛科普图书总数的70.82%和66.81%

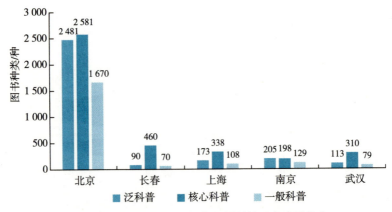

图2-2　2016年出版地前5位出版科普图书类型分布

出版地与译著分析

从出版译著情况（图2-3，因版面局限，本图未显示数量较少地区）来看，北京出版译著最多，有1 393种，约占2016年出版科普图书译著总数的48.96%，上海、武汉、合肥、长沙等地出版的科普图书译著也较多，这5个城市出版译著的数量合计为1 859种，约占当年科普图书译著总数的69.34%。

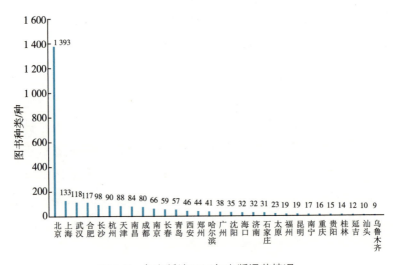

图2-3　各出版地2016年出版译著情况

从译著来源国别（表2-2，本表不体现出版译著数量较少的地区及来源国别）来看，各地出版科普图书译著的来源国别有所不同，如北京、上海、天津、成都等地译自美国的科普图书较多，分别有341种、61种、53种、31种；长春、哈尔滨等地译自法国的科普图书较多，均有34种；合肥、南京等地译自英国的科普图书较多，分别有34种、23种；长沙、南昌等地译自韩国的科普图书较多，分别有37种、40种；郑州、太原等地译自日本的科普图书较多，分别为14种、22种。值得一提的是，北京由于出版科普图书译著最多，因此译自各国的图书数量也都很多，译自美国、法国、英国、韩国、日本等国的图书均在100种以上。

表2-2　各出版地出版科普书译著来源国别情况

（单位：种）

出版地	译著来源国别						合计
	美国	法国	英国	韩国	日本	其他	
北京	341	227	325	119	193	190	1 393
上海	61	33	12	0	8	19	133
武汉	30	23	20	8	13	24	118
合肥	17	12	34	33	10	11	117
长沙	20	0	24	37	9	8	98
杭州	23	11	12	16	8	20	90
天津	53	27	0	0	2	6	88
南昌	8	18	3	40	9	6	84
成都	31	17	2	0	2	28	80
南京	7	21	23	4	3	8	66
长春	6	34	2	5	0	12	59

续表

出版地	译著来源国别						合计
	美国	法国	英国	韩国	日本	其他	
青岛	2	0	3	40	7	5	57
西安	5	11	23	0	3	4	46
郑州	3	1	1	2	14	23	44
哈尔滨	1	34	3	1	0	2	41
广州	4	16	16	0	2	0	38
沈阳	19	4	1	4	1	6	35
海口	12	8	3	1	4	4	32
济南	5	2	9	3	2	11	32
石家庄	7	2	6	0	5	11	31
太原	0	1	0	0	22	0	23
合计	655	502	522	313	317	398	2 707

第二节　出版社分析

本书统计结果显示，2016年全国出版科普图书的出版社共有541家，占全国出版社总数的92.64%（截至2016年年底，全国共有出版社584家），其中化学工业出版社出版科普图书最多，有571种，排名前10位的出版社还有人民邮电出版社、电子工业出版社、机械工业出版社、江苏凤凰科学技术出版社、北京联合出版公司、清华大学出版社、黑龙江科学技术出版社、中国农业出版社、科学出版社，这些出版社合计出版科普图书2 904种，占同年全国出版科普图书总数的20.72%（图2-4）。

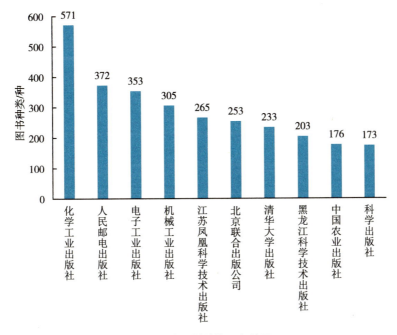

图2-4 出版社出版科普图书数量TOP10

统计发现，社名中含有"科学技术"的出版社是出版科普图书的重要力量。本书共统计出该类出版社32家，从出版的科普图书数量来看，该类出版社共出版科普图书2 279种，占同年全国出版科普图书总数的16.26%，其中江苏凤凰科学技术出版社出版科普图书最多，有265种，其次为黑龙江科学技术出版社、湖北科学技术出版社、中国科学技术出版社（科学普及出版社）、吉林科学技术出版社、山东科学技术出版社、江西科学技术出版社、北京科学技术出版社等，以上出版社在2016年出版的科普图书数量均为100种以上（图2-5）。

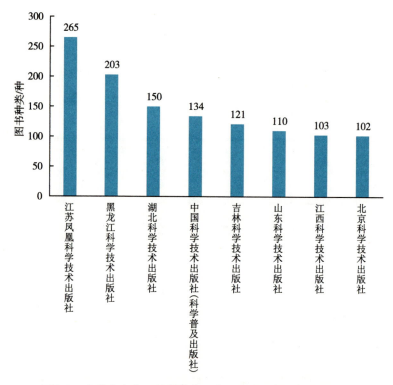

图2-5　名称中含有"科学技术"的出版社出版科普图书情况
（此类出版社中，出版科普图书在100种以上的出版社）

出版社与出版科普图书学科分析

从2016年出版科普图书数量排名前10位的出版社的出版情况（图2-6）来看，出版的科普图书多集中在T类（工业技术）和R类（医药、卫生）。出版T类（工业技术）科普图书最多的是人民邮电出版社，共出版186种；其次是机械工业出版社和化学工业出版社，出版数量分别为170种和159种。出版R类（医药、卫生）科普图书最多的是江苏凤凰科学技术出版社，共出版131种；其次是黑龙江科学技术出版社和化学工业出版社，出版数量分别为80种和78种。从出版数量集中程度来看，T类（工

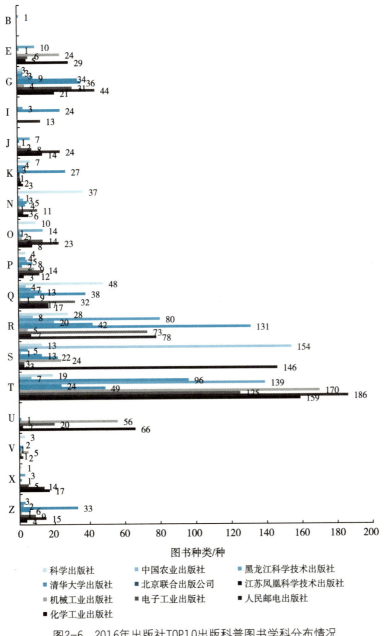

图2-6　2016年出版社TOP10出版科普图书学科分布情况
（图中数据详见附录4-1）

业技术）呈现两极分化的趋势，人民邮电出版社、机械工业出版社、化学工业出版社、清华大学出版社、电子工业出版社等的出版数量均在150种左右，而江苏凤凰科学技术出版社、北京联合出版公司、科学出版社、中国农业出版社等的出版数量均不足50种；R类（医药、卫生）科普图书的出版则呈现孤峰突起的局面，江苏凤凰科学技术出版社的R类（医药、卫生）科普图书数量达到131种，远高于其他出版社；S类（农业科学）科普图书的出版呈现双峰并立的局面，中国农业出版社和化学工业出版社出版的S类（农业科学）科普图书数量接近，且远高于其他出版社。

出版社与出版科普图书类型分析

从科普图书类型（图2-7）来看，排名前10位的出版社出版泛科普图书数量最多，有1 417种，约占这10个出版社出版科普图书总量的48.79%；其次为一般科普图书和核心科普图书，分别为788种和699种。从各出版社的出版情况来看，化学工业出版社泛科普和一般科普图书的出版数量均最多，分别为286种和199种；北京联合出版公司出版的核心科普图书数量最多，有148种。

出版社与译著情况分析

本书统计结果显示，2016年出版科普图书译著的出版社共有265家，出版科普图书译著总数为2 845种。其中，人民邮电出版社出版科普图书译著最多，共149种；其次为北京联合出版公司和电子工业出版社，分别为119种和111种（图2-8）。出版科普图书数量最多的化学工业出版社出版科普图书译著却不多，仅有27种，排在第21位；人民邮电出版社和电子工业出版社不仅出版科普图书的整体数量较多，出版科普图书译著数量也较

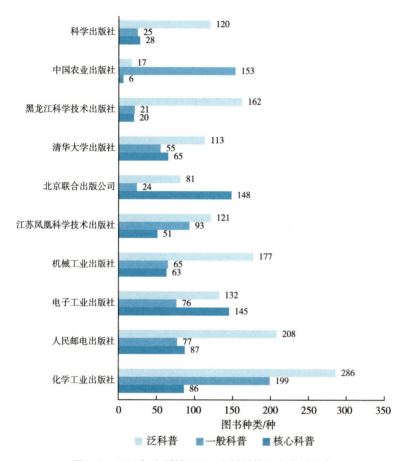

图2-7 2016年出版社TOP10出版科普图书类型分布

多。前文已述,科普图书译著的来源国别多集中在美国、英国、法国、韩国、日本、德国等,而具体到各出版社,则分别有所侧重。从图2-9可以看出,人民邮电出版社出版译自美国的科普图书最多,有72种;电子工业出版社出版译自英国的科普图书最多,有50种;北京日报出版社出版译自法国的科普图书最多,有30种。

图2-8　2016年出版社出版科普图书译著数量TOP30

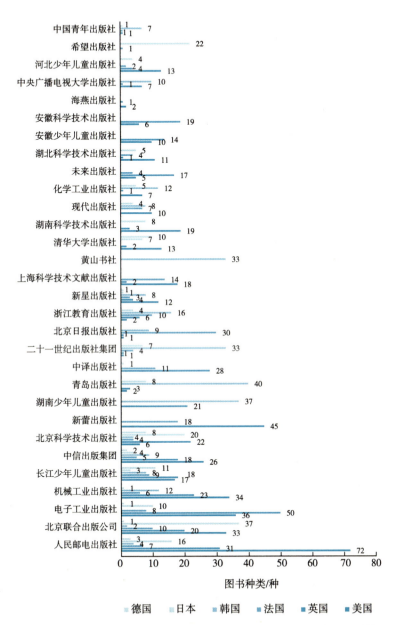

图2-9 2016年出版科普图书译著TOP30出版社科普图书译著来源国别情况
（图中数据详见附录4-2）

第三节　作者、译者分析

本书共统计出2016年出版科普图书的作者（含编者）为7 047个，科普图书译者1 520个，这些作者和译者中既有个人，也有图书的编委会、编写组，还有一些单位或组织等。

作者情况分析

表2-3是2016年出版科普图书中科普图书作者TOP50，这些作者共出版图书1 990种，占该年出版科普图书总数的14.20%。从表2-3中可以看出，出版科普图书最多的作者是儒勒·凡尔纳，共有202种；其次是甘智荣和让-亨利·法布尔（以下简称法布尔），出版的科普图书数量分别为148种和112种。儒勒·凡尔纳是世界著名科幻小说家，他的作品影响了几代人，即使在他去世一百多年后的今天，其作品依然深受读者欢迎。

表2-3　2016年出版科普图书作者TOP50

（单位：种）

序号	作者	作品数量	序号	作者	作品数量
1	儒勒·凡尔纳	202	8	台湾牛顿出版公司	51
2	甘智荣	148	9	龙马高新教育	50
3	让-亨利·法布尔	112	10	胡维勤	49
4	崔钟雷	105	11	韩雪涛	42
5	龚勋	89	12	纸上魔方	41
6	《指尖上的探索》编委会	81	13	李志	40
7	车艳青	66	14	张柏赫	36

续表

序号	作者	作品数量	序号	作者	作品数量
15	孙静	36	33	冯慧娟	23
16	燕子	36	34	孙茂利	22
17	李继勇	35	35	杨宏伟	22
18	孙晶丹	35	36	小多(北京)文化传媒有限公司	21
19	大卫·韦斯特	34	37	金翔龙	21
20	稚子文化	33	38	许蓉	21
21	维·比安基	31	39	瑾蔚	21
22	刘慈欣	29	40	卓越教育	20
23	卢嘉锡	27	41	上海淘米网络科技有限公司	20
24	朝旭科普馆编写组	27	42	林庆元	20
25	杨杨	27	43	杨桃美食编辑部	20
26	臧俊岐	26	44	军情视点	19
27	童趣出版有限公司	26	45	孙锐	19
28	王玉芳	25	46	韩启德	19
29	郑增仪	24	47	《安全健康教育读本》编写组	18
30	高霞	24	48	青少年健康成长教育丛书编写组	17
31	北视国出版策划团队	23	49	李琼	17
32	瑞雅	23	50	波波讲故事	17

作者与出版社

就作者作品在出版社的出版情况而言，大致可分为分布出版和集中出版两种情况。以作者TOP10为例（因版面原因，只展示出版种类排名前20位的出版社），从图2-10中可以看出，儒勒·凡尔纳、法布尔、龚勋等人的作品在许多出版社都有出版，相对较为分散；而甘智荣、崔钟雷、《指尖上的探索》编委会、

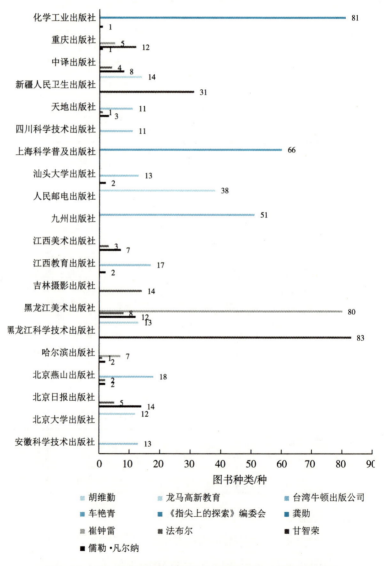

图2-10　2016年出版科普图书作者TOP10与出版社交叉图
（图中数据请详见附录4-3）

车艳青、台湾牛顿出版公司、龙马高新教育的作品则相对比较集中，甘智荣的作品主要在黑龙江科学技术出版社出版（有83种），崔钟雷的作品主要在黑龙江美术出版社出版（有80种），《指尖上的探索》编委会的作品集中在化学工业出版社（有81种）出版，车艳青的作品集中在上海科学普及出版社（有66种）出版，台湾牛顿出版公司的作品集中在九州出版社（51种）出版，龙马高新教育的作品主要在人民邮电出版社（有38种）出版。在排名前50名的作者中，崔钟雷、韩启德和纸上魔方的作品都曾入选科技部的"全国优秀科普作品"名录。

作者与主题词

主题词是指一本图书的关键词，是对该图书内容及其所属类别的简介概括，在中国图书馆分类法中往往标注为"论题名称主题——款目要素"。在2016年出版的科普图书中，共统计出主题词2 137个，其中"科学知识"出现频率最高，共有822次；其次是"恐龙"和"科学幻想小说"，出现频率分别为555次和433次。出现频率最多的前50个主题词及其出现频率如表2-4所示。

表2-4　2016年出版科普图书主题词TOP50及其出现频率

（单位：次）

序号	主题词	出现频率	序号	主题词	出现频率
1	科学知识	822	7	婴幼儿	183
2	恐龙	555	8	故事课	175
3	科学幻想小说	433	9	植物	142
4	安全教育	355	10	女性	139
5	动物	278	11	汽车	133
6	数学	205	12	自然科学	129

续表

序号	主题词	出现频率	序号	主题词	出现频率
13	保健	112	32	健身运动	59
14	儿童文学	108	33	森林	54
15	家常菜肴	103	34	菜谱	54
16	常识课	96	35	围产期	53
17	昆虫学	92	36	物理学	52
18	昆虫	91	37	地球	51
19	儿童故事	88	38	科学技术	51
20	养生(中医)	85	39	小儿疾病	51
21	宇宙	83	40	大学生	49
22	表处理软件	83	41	天文学	49
23	妊娠期	82	42	蔬菜	47
24	人体	77	43	自然科学史	46
25	数字照相机	76	44	男性	45
26	小学数学课	75	45	糖尿病	45
27	地理	74	46	花卉	44
28	海洋	70	47	图像处理软件	44
29	智力游戏	68	48	高血压	43
30	鸟类	65	49	老年人	42
31	办公自动化	64	50	古动物	40

以作者TOP10为例，将其与主题词交叉对比可以看出同一作者出版的科普图书在内容方面的分布情况。图2-11是2016年作者TOP10出版科普图书的主题词分布情况，从图中可以看出，有些作者出版的科普图书主题词相对集中，如儒勒·凡尔纳的作品集中在"科学幻想小说"、法布尔的作品集中在"昆虫学"、

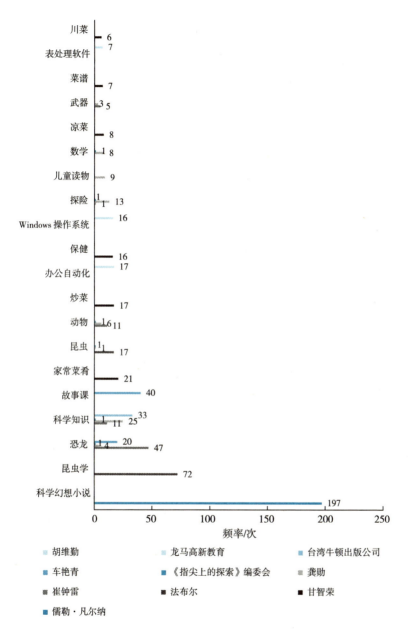

图2-11 2016年作者TOP10出版科普图书的主题词分布情况
（图中数据请详见附录4-4）

台湾牛顿出版公司的作品集中在"科学知识"。还有一些作者的作品主题词则相对比较分散，如甘智荣作品的主题词除"炒菜"外，还有"保健""家常菜肴"等；崔钟雷作品的主题词除"恐龙"外，还有"动物""科学知识""武器"等；龚勋作品的主题词除"科学知识"外，还有"探险""数学""动物"等；车艳青作品的主题词除"故事课"外，还有"恐龙"；龙马高新教育作品的主题词除"办公自动化"外，还有"Windows操作系统"；《指尖上的探索》编委会、胡维勤的作品主题词则更为分散。从图2-11还可以看出，作者TOP10的作品主题词出现频率最多的是"科学幻想小说"，共197次，其次为"昆虫学""恐龙""科学知识""故事课""家常菜肴""昆虫""动物""炒菜""办公自动化"等，这与主题词TOP50的出现频率排名情况稍有不同。

译者分析

本书统计结果显示，2016年共出版科普图书译著2 845种，译者有1 505位，平均每位译者翻译1.89种国外科普图书。译者中出版2种及以上译著的有450位，出版1种译著的有1 055位。

表2-5是2016年出版的科普图书译著中的译者TOP50。这些译者共翻译科普图书632种，占该年科普图书译著总量的22.2%。从表2-5可以看出，翻译科普图书最多的译者是陈筱卿，共翻译国外科普图书51种；其次是范晓星和于水，分别为35种和29种。需要注意的是，在陈筱卿翻译的科普图书中，原书作者主要为儒勒·凡尔纳、法布尔和玛丽·居里等人，其中翻译儒勒·凡尔纳的作品有36种、法布尔的作品有8种、玛丽·居里的作品有6种。

表2-5　2016年出版科普图书译著中的译者TOP50

（单位：种）

序号	作者	作品数量	序号	作者	作品数量
1	陈筱卿	51	23	陈晨	11
2	范晓星	35	24	宋龙艺	11
3	于水	29	25	刘浏	10
4	龚勋	24	26	代飞	10
5	李丹	22	27	艾茗	10
6	章科佳	22	28	卡露文化	10
7	李恋恋	16	29	金成根	10
8	杨扬	14	30	李树	10
9	彭懿	14	31	杜玲	10
10	李旻	14	32	祝加琛	9
11	浪花朵朵童书	13	33	吕睿智	9
12	冀康	13	34	高伟	9
13	张洁	12	35	王雨婷	9
14	吴荣华	12	36	姚美	9
15	赵炎	12	37	胡俊	9
16	黄缇萦	12	38	吕竞男	9
17	兰东辉	12	39	李琼兰	8
18	龙彦	11	40	名家编译委员会	8
19	孙远	11	41	苟振红	8
20	小培	11	42	苏迪	8
21	千太阳	11	43	北京学乐知行教育科学研究院	8
22	图解百科编译组	11	44	陈蜜	8

续表

序号	作者	作品数量	序号	作者	作品数量
45	李静	8	48	赵然	8
46	陈婧	8	49	梁婉	8
47	梅荣楹	8	50	翁心源	7

译者与译著来源

前文已述，2016年出版科普图书中的译著来源主要有31个国家和地区，其中译自美国、英国、法国、韩国、日本等国的作品最多（本书主要研究译者作品与此5个国家的关系），共有2 433种（其中来源于美国的科普图书690种、英国556种、法国525种、韩国343种、日本319种），占2016年科普图书译著总数的85.52%。排名前50名的译者所翻译的著作也多来自这些国家。

以译者TOP15为例，从图2-12可以看出，陈筱卿、范晓星和李恋恋的翻译作品主要来源于2个国家，龚勋的翻译作品来源于4个国家，其余的11位作者均集中于对某一个国家的作品进行翻译。这些译者中，翻译英国作品的译者最多，为7位。

译者与出版社

以译者TOP15为例，译者TOP15共涉及出版社33家，占出版译著出版社总数的12.5%。从图2-13可以看出，译者陈筱卿、范晓星、龚勋、彭懿、张洁和吴荣华翻译的作品在多个出版社均有出版，而其余9位译者的作品都集中在某一个出版社出版。

译者与主题词

仍以译者TOP15为例，译者TOP15共涉及主题词109个，其中出现频率较多的主题词是"科学幻想小说""儿童故事""自然科学"数学"等。将译者TOP15与排名前10位的主题词对比可以发现（图2-14），有5名译者仅涉及一个主题词，有5名译者涉及2个或3个主题词，还有5名译者不涉及排名前10位的主题词，分布较为散乱。

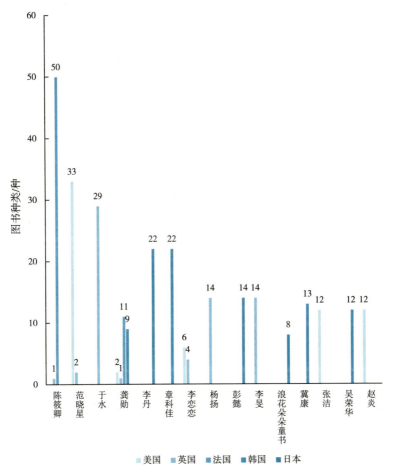

图2-12　译者TOP15与译著来源国别TOP5交叉图

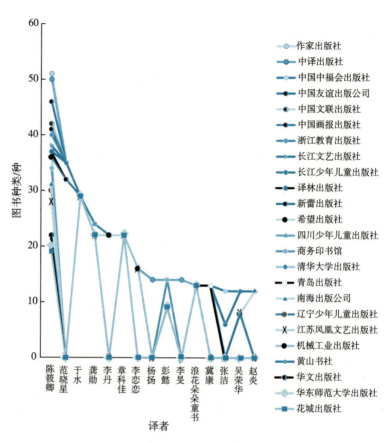

图2-13　译者TOP15与出版社交叉图

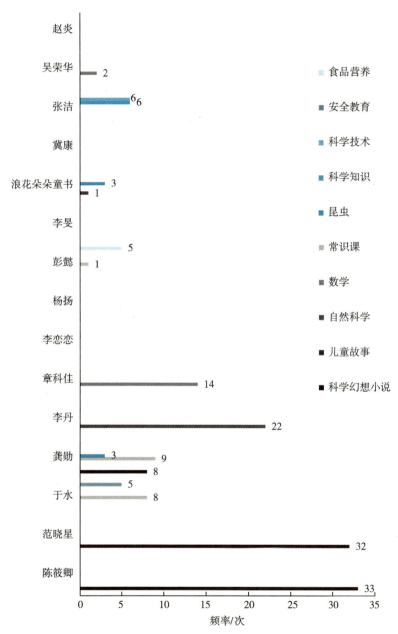

图2-14　译者TOP15与排名前10位主题词交叉图
（图中数据详见附录4-5）

第四节　小　　结

综上所述，就2016年出版科普图书情况来看，90%以上的出版社都有科普图书出版，且各出版社出版科普图书各有侧重，如化学工业出版社出版的科普图书数量最多，人民邮电出版社出版的科普图书译著最多，北京联合出版公司出版的核心科普图书比例最大等。从作者来看，作者和译者的整体数量比较多，作者之间的作品数量相差较大，译者的情况也基本类似。就出版地而言，北京作为我国政治、经济、文化中心，无论是核心科普图书，还是一般科普图书或泛科普图书，其出版数量都远超其他城市的出版量，在原创科普图书和科普图书译著方面的出版情况亦然。

第三章

科普图书销售情况分析

借助北京开卷信息技术有限公司的"全国图书零售市场观测系统"，本书对从全国图书馆联合编目中心数据库中提取出2016年出版的14 014种科普图书的销售情况进行了统计。这14 014种科普图书在"全国图书零售市场观测系统"中匹配到的科普图书有12 282种，其中产生动销的有11 946种。也就是说，在全国图书馆联合编目中心数据库中提取出的2016年出版的14 014种科普图书中，有12 282种科普图书进入北京开卷信息技术有限公司的"全国图书零售市场观测系统"，有1 732种科普图书未被监测到，在被监测到的12 282种科普图书中，有11 946种科普图书有销售行为发生，有336种科普图书在监测期间没有监测到销售行为。

统计结果显示，2016年出版科普图书在监测期间（2016年1月1日至2018年6月30日），总销售量达到3838.09万册，其中实体店总销量为1096.16万册，网店总销售量为2741.93万册，总销售金额为19.74亿元，其中实体店销售金额为4.07亿元，网店销售金额为15.67亿元。与2015年出版科普图书统计时间内的销售情况相比，总销售量略有下降，总销售金额略有上升，实体店与网店的销售差距进一步增大。

销售量的分段情况与2015年出版科普图书在统计期间的销售量分段情况基本相似，销售量在1万册及以下的图书仍占绝大多数，共有11 629种，约占"全国图书零售市场观测系统"监测到的科普图书总数的94.68%；其次是销售量在1万～5万册的图书，共有545种，约占监测到的科普图书总数的4.44%（图3-1）。销售金额的分段情况与2015年出版科普图书在统计期间的销售金额分段情况也十分相似。销售金额在10万元及以下的图书有9 829种，约占"全国图书零售市场观测系统"监测到的科普图书总数的80%；其次是销售金额在10万～50万元、50万～100万元和100万～500万元的图书，分别为1 783种、390种、253种（图3-2）。可以看出，2016年出版的科普图书在统计期间的销售数

量的市场表现并没有太大变化，大多发行不足万册，发行量在
10万册以上的科普图书数量极少，仅有22种（图3-1）；单本图
书的销售金额也多在10万元及以下，销售金额在500万元以上的
图书仅有27种（图3-2）。

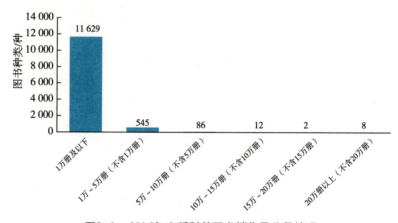

图3-1　2016年出版科普图书销售量分段情况

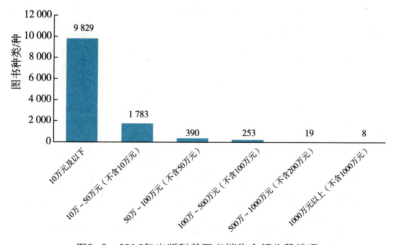

图3-2　2016年出版科普图书销售金额分段情况

第一节　总销售量与总销售金额分析

总销售量分析

如图3-3所示，统计期间，2016年出版科普图书总销售量最多的图书是四川科学技术出版社出版的《十月怀胎知识百科全书》，销售量为287 480册；其次为未来出版社的《偷偷看里

环球国家地理百科全书	81 220
流浪苍穹	83 064
中国居民膳食指南(2016)(科普版)	83 367
崔玉涛谈自然养育——看得见的发育	87 178
儿童健康讲记:一个中医眼中的儿童健康、心理与教育	91 183
自我保护意识培养(第1辑)·我不跟你走+别想欺负我	95 601
失传的营养学:远离疾病	97 638
名家名译·世界经典文学名著·海底两万里	97 871
养好脾和肺:宝宝不积食 不咳嗽 长大个	98 010
怀孕吃什么宜忌速查	98 401
七堂极简物理课	99 206
精准拉伸:疼痛消除和损伤预防的针对性练习	99 310
说医不二:懒兔子漫话中医	100 432
中国居民膳食指南(2016)	101 903
新生儿婴儿护理百科全书	106 836
新生儿婴儿幼儿护理大百科	107 643
我是大医生:医生不说你不懂	108 303
中国:手绘中国地理地图(精装手绘儿童版)	111 463
时间简史	128 153
我的第一本地理启蒙书	132 575
美国儿科学会育儿百科(定制版)	176 427
国际大奖儿童文学(美绘典藏版)·细菌世界历险记	191 524
中国科幻基石丛书·三体III-死神永生(典藏版)	205 074
中国科幻基石丛书·三体II-黑暗森林(典藏版)	209 171
恐龙大探索(美绘注音版)	241 471
中国科幻基石丛书·三体(典藏版)	259 369
经典译林·海底两万里(新)	262 349
偷偷看里面·夜晚	272 232
偷偷看里面·农场	281 448
十月怀胎知识百科全书	287 480

销售量/册

图3-3　2016年出版科普图书统计期间销售量TOP30

面·农场》和《偷偷看里面·夜晚》，销售量分别为281 448册和272 232册。值得注意的是，2016年出版的科普图书丛书单册的销售量表现很好，除上述未来出版社的两册图书外，重庆出版社的"中国科幻基石丛书"、四川科学技术出版社的"新生儿婴儿护理系列"（《新生儿婴儿幼儿护理大百科》《新生儿婴儿护理百科全书》）等"扎堆"出现在销售量TOP30的排行榜上。人民卫生出版社出版的《中国居民膳食指南（2016）》的两个版本也同时出现在销售量TOP30中。此外，经典图书仍然非常受读者欢迎。法国科幻小说家儒勒·凡尔纳的《海底两万里》有两个版本进入销售量TOP30，即译林出版社出版的《经典译林·海底两万里（新）》和中译出版社的世界经典文学名著《海底两万里》。中国华侨出版社出版的《时间简史》也在销售量TOP30之列。

就图书的内容分类来看（图3-4），统计期间销售量TOP30中"孕产育儿"类图书最多，有8种，约占销售量TOP30总数量的27%，如《十月怀胎知识百科全书》《怀孕吃什么宜忌速查》等；其次为"科学幻想小说"和"少儿科普"类，均为7种，均占销售量TOP30总数量的23%（图3-4）。与2015年统计期间相比，该统计期间销售量进入TOP30的"少儿科普"类图书有所减少，而"孕产育儿"类科普图书则有大幅增加，这也许与近几年生育政策的调整有一些关联。

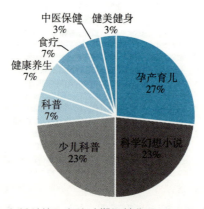

图3-4　2016年出版科普图书统计期间销售量TOP30图书内容分类情况

从作者方面来看，刘慈欣的作品进入销售量TOP30的最多，共有3种，即重庆出版社出版的"中国科幻基石丛书"《三体（典藏版）》系列（包括《三体》《三体Ⅱ－黑暗森林》《三体Ⅲ－死神永生》），这可能是因为作者刘慈欣获得雨果奖后一时名声大噪而提升了图书销量；儒勒·凡尔纳的作品有2种，均为《海底两万里》；艾贝母婴研究中心的作品有2种，分别为《十月怀胎知识百科全书》和《新生儿婴儿幼儿护理大百科》，2015年出版科普图书中，艾贝母婴研究中心就有2种科普图书进入销售量TOP30。此外，中国营养学会与英国作者安娜·米尔波恩也各有2种作品进入销售量TOP30。与2015年相比，科幻小说作家的作品进入销售量TOP30的数量大幅增加，这与近几年在中国掀起的科幻热潮有较大关系（表3-1）。

表3-1　2016年出版科普图书统计期间销售量TOP30的作者及图书数量

（单位：种）

作者	数量	作者	数量
［德］达柯玛尔·盖斯勒	1	郝景芳	1
［法］儒勒·凡尔纳	2	懒兔子	1
［美］克里斯蒂安·博格	1	李辛	1
［美］斯蒂文·谢尔弗	1	刘慈欣	3
［意］卡洛·罗韦利	1	刘佳	1
［英］安娜·米尔波恩	2	孙静、吴飞	1
艾贝母婴研究中心	2	王涛	1
北京电视台《我是大医生》栏目组	1	王越	1
陈宝英	1	徐荣谦	1
楚丽萍	1	洋洋兔	1
崔玉涛	1	郑利强、段虹	1
高士其	1	中国营养学会	2

在图书价格方面，2016年出版进入销售量TOP30的科普图书定价大多集中在30~50元（图3-5），比2015年出版科普图书销售量TOP30的价格（20~60元）更为集中。销售量TOP30中价格最高的是《环球国家地理百科全书》（北京联合出版公司出版），定价为199元；其次为《中国：手绘中国地理地图（精装手绘儿童版）》（北京理工大学出版社出版），定价为98元。价格在50元以上的科普图书，除上述两种外，北京科学技术出版社出版的《美国儿科学会育儿百科（定制版）》、中国华侨出版社出版的《时间简史》、人民卫生出版社出版的《中国居民膳食指南（2016）》、辽宁人民出版社出版的《自我保护意识培养（第1辑）》等4种图书价格在50元以上，分别为66元、59元、68元和60元。虽然长江出版社出版的《恐龙大探索（美绘注音版）》价格也在50元以上，但该书是丛书，单册价格只有10元。除这些图书外，其余图书价格均在50元以下。

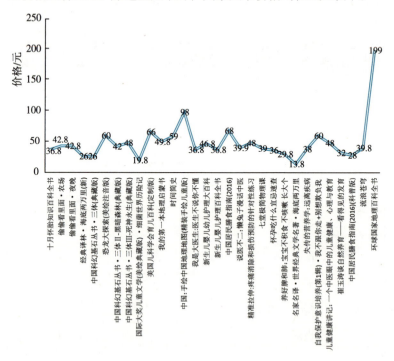

图3-5　2016年出版科普图书统计期间销售量TOP30价格曲线图

从出版社来看（图3-6），2016年出版科普图书在统计期间销售量TOP30所涉及的出版社共有21家，其中四川科学技术出版社和重庆出版社出版的科普图书进入销售量TOP30的数量最多，分别为4种和3种。四川科学技术出版社出版的科普图书均为"孕产育儿"类，包括《十月怀胎知识百科全书》《新生儿婴儿幼儿护理大百科》《新生儿婴儿护理百科全书》《儿童健康讲记：一个中医眼中的儿童健康、心理与教育》等，重庆出版社的图书主要是刘慈欣创作的科幻小说"三体系列"。另外，北京联合出版公司、北京日报出版社、人民卫生出版社、未来出版社等出版单位也各有2种科普图书进入销售量TOP30，其余出版社则均为1种。

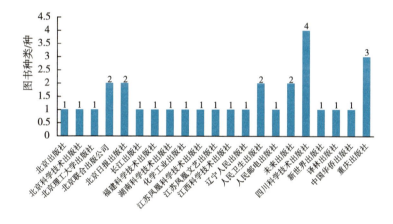

图3-6　2016年出版科普图书在统计期间销售量TOP30涉及出版社情况

如图3-7所示，统计期间进入销售量TOP30的科普图书中，国内原创图书有21种，所占比例为70%，与2015年出版科普图书中的比例相比略有提高（2015年国内原创图书占比约为67%）；译著有9种（中国华侨出版社出版的《时间简史》按译著算），在销售量TOP30图书中占30%，与2015年出版科普图书在统计期间的比例相比略有降低（2015年国内原创图书占比约为33%）。译著的来源国别及数量分别为英国3种、法国2种、美国2种、意大利1种、德国1种，与2015年出版科普图书在统计期间销售量TOP30中的译著相比，译自美国的图书数量下降比较明显（2015年出版科普图书销售量TOP30中译自美国的图书为6种）。从销售量来看，国内原创科普图书总销售量为288.33万册，占TOP30总销售量的66%；译著的总销售量为151.26万册，占TOP30总销售量的34%；与2015年出版科普图书在统计期间销售量TOP30中的情况相比，国内原创科普图书在销售量上有所上升（2015年出版科普图书销售量TOP30中，国内原创图书的销售量为265.66万册），在TOP30销售量中所占的比例却有所下降；相反，虽然进入TOP30的译著图书种类有所减少，但译著图书的销售量有所增加，而且在TOP30销售量中的占比也增加了不少。

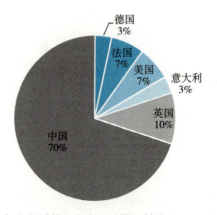

图3-7　2016年出版科普图书在统计期间销售量TOP30来源国别情况

总销售金额分析

如图3-8所示，统计期间总销售金额最多的科普图书是北京联合出版公司出版的《环球国家地理百科全书》，销售金额约为1 616.28万元，其次为长江出版社出版的《恐龙大探索（美

绘注音版）》和未来出版社出版的《偷偷看里面·农场》，销售
金额分别约为1 448.83万元和1 204.60万元。与2015年出版的科
普图书相比，排名第一位的科普图书销售金额有较大幅度的减
少，排名第二位和第三位的科普图书销售金额则有所增加。对
比2016年出版科普图书统计期间的销售量TOP30（图3-3）和销
售金额TOP30（图3-8）可以发现，两个榜单共有19种科普图书
重复。销售量TOP30的排名前20种科普图书中，除《细菌世界

图3-8　2016年出版科普图书统计期间销售金额TOP30

历险记》《我是大医生：医生不说你不懂》《新生儿婴儿护理百科全书》《七堂极简物理课》4种图书外，其余16种图书均进入销售金额TOP30。而销售金额TOP30的排名前20种科普图书中，除《中国国家地理百科全书》《神奇的专注力训练游戏书（套装共4册）》《万物解释者：复杂事物的极简说明书》《数码摄影后期高手之路》《博物学家的神秘动物图鉴》5种图书外，其余15种图书也均进入了销售量TOP30。

就图书内容分类来说（图3-9），统计期间销售金额TOP30中最多的是"少儿科普百科"类图书，共有13种，占比为44%；其次是"孕产育儿"和"科学幻想小说"，都是4种，占比均为13%。与2015年出版科普图书在统计期间的销售情况相比，销售金额TOP30的内容分类变化不大，仍以"少儿科普百科"和"孕产育儿"类为主；所不同的是，2016年出版的"科学幻想小说"类图书出现在TOP30中，这与著名科幻作家刘慈欣获得雨果奖及由此掀起的科幻热潮有较大关系。

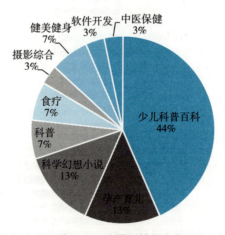

图3-9 2016年出版科普图书统计期间销售金额TOP30内容分类情况

从作者方面来看（表3-2），刘慈欣的作品进入销售金额TOP30的最多，有3种，即重庆出版社出版的"中国科幻基石丛书·三体系列"；美国的兰道尔·门罗、英国的安娜·米尔波恩及国内的艾贝母婴研究中心各有2种科普图书进入销售金额TOP30，分别为北京联合出版公司出版的《万物解释者：复杂事物的极简说明书》《那些古怪又让人忧心的问题（珍藏版）》，未来出版社出版的《偷偷看里面·农场》《偷偷看里面·夜晚》，四川科学技术出版社出版的《十月怀胎知识百科全书》《新生儿婴儿幼儿护理大百科》等。对比销售量TOP30的作者（表3-1）和销售金额TOP30的作者（表3-2）可以发现，销售金额TOP30中的外籍作者数量为10人，销售量TOP30中的外籍作者为6人。由此可以看出，国外图书在销售金额方面要比销售量方面表现更为突出一些。

表3-2　2016年出版科普图书统计期间销售金额TOP30作者及图书数量情况

（单位：种）

作者	数量	作者	数量
［德］达柯玛尔·盖斯勒	1	楚丽萍	1
［法］安妮-索菲·鲍曼、［法］迪迪埃·巴里斯维克	1	懒兔子	1
［法］让-巴普蒂斯特·德·帕纳菲厄、［法］卡米耶·让维萨德	1	李涛	1
［法］儒勒·凡尔纳	1	李辛	1
［美］克里斯蒂安·博格	1	刘慈欣	3
［美］兰道尔·门罗	2	明日科技	1
［美］斯蒂文·谢尔弗	1	孙静、吴飞	1
［英］安娜·米尔波恩	2	王越	1
［英］贝基·威尔逊、［英］克莱尔·西皮·苏珊	1	洋洋兔	1
［英］罗斯·狄更斯、［英］贝妮代塔·乔弗丽特	1	张妙弟	1

续表

作者	数量	作者	数量
艾贝母婴研究中心	2	郑利强、段虹	1
斌卡	1	中国营养学会	1
陈允斌	1		

　　就图书价格而言（图3-10），在销售金额TOP30中，虽然价格在100元以下，尤其是40～60元的图书居多，但价格在100元以上的图书也不在少数，多达7种。销售金额TOP30的图书价格相对较高，平均为79.88元，而销售量TOP30的图书平均价格只有48.56元，两者之间相差30元有余。销售金额TOP30中价格最高的

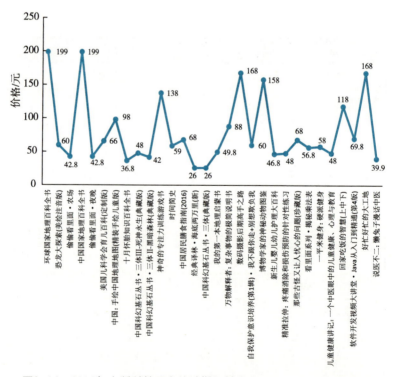

图3-10　2016年出版科普图书统计期间销售金额TOP30图书价格情况

图书是北京联合出版公司的《环球国家地理百科全书》和《中国国家地理百科全书》，价格均为199元；希望出版社的《好忙好忙的大工地》、人民邮电出版社的《数码摄影后期高手之路》、北京联合出版公司的《博物学家的神秘动物图鉴》等价格也不低，前两种图书价格均为168元，后一种图书价格为158元；贵州教育出版社的《神奇的专注力训练游戏书（套装共4册）》和吉林科学技术出版社的《回家吃饭的智慧（上中下）》等价格虽在百元以上，但这两种图书都为丛书，单册平均价格并不算高。

2016年出版科普图书统计期间销售金额TOP30所涉及的出版社共有18家（图3-11），其中北京联合出版公司出版的科普图书进入销售金额TOP30的数量最多，共有6种，分别为《环球国家地理百科全书》《中国国家地理百科全书》《万物解释者：复杂事物的极简说明书》《博物学家的神秘动物图鉴》《那些古怪又让人忧心的问题（珍藏版）》《说医不二：懒兔子漫话中医》等；未来出版社、四川科学技术出版社和重庆出版社出版的科普图书均为3种，并列第二位。值得一提的是，北京联合出版公司在2015年出版科普图书统计期间进入销售量TOP30的种类也是最多的。

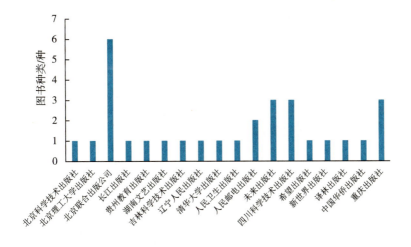

图3-11　2016年出版科普图书统计期间销售金额TOP30涉及出版社情况

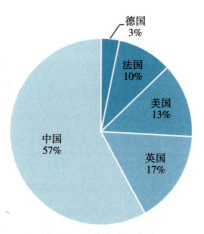

图3-12　2016年出版科普图书统计期间销售金额TOP30中来源国别情况

　　统计期间销售金额TOP30中共有13种译著（中国华侨出版社出版的《时间简史》按译著算），其中译自英国的科普图书最多，共有5种，占销售金额TOP30的17%；其次为译自美国的科普图书，共4种，占销售金额TOP30的13%（图3-12）。此外，译自法国和德国的科普图书分别为3种和1种。从销售量TOP30和销售金额TOP30中的译著数量来看，译著在销售金额方面的表现要比销售量方面的表现更好。

第二节　实体店与网店销售情况分析

实体店销售情况分析

　　截至2018年1月，北京开卷信息技术有限公司"全国图书零售市场观测系统"监测到的图书销售实体店达3 450余家。前文已述，"全国图书零售市场观测系统"的监测结果显示，统计期间2016年出版科普图书产生动销的科普图书有11 946种，实体店的总销售量为1 096.16万册，总销售金额为4.07亿元。由此可以推算出，实体店平均每种科普图书的总销售量为917.60册，平均每种科普图书的总销售金额约为3.41万元。

　　表3-3是2016年出版科普图书在统计期间在实体店的销售量和销售金额排名情况。从表3-3可以看出，统计期间实体店总销售量和总销售金额最多的科普图书均为儒勒·凡尔纳所著的《经典译林·海底两万里（新）》（译林出版社），总销售量为189 239册，总销售金额为4 920 214元。在2015年出版科普图书统计期间，儒勒·凡尔纳的《海底两万里》曾有3个版本进入实体店的销售量TOP30，其中一版进入销售金额TOP30。2016年出版的《海底两万里》更是占据了销售量TOP30和销售金额TOP30的榜首位置，可见，经典图书对读者有着持久的吸引力。刘慈欣的"三体系列"也因其获得雨果奖而颇受读者欢迎。重庆出版社出版的"中国科幻基石丛书·三体系列"（包括《三体》《三体Ⅱ-黑暗森林》《三体Ⅲ-死神永生》的典藏版）占据了销售量TOP30的第二名、第三名和第五名，在销售金额TOP30中则位居第二名、第三名和第四名。销售量TOP30与销售金额TOP30中有21种科普图书重复，也就是说，在实体店的销售情况中，销售量排名靠前的图书，其销售金额的排名也基本靠前。

表3-3　2016年出版科普图书统计期间实体店
销售量TOP30及销售金额TOP30

排名	实体店销售量TOP30		实体店销售金额TOP30	
	书名	销售量/册	书名	销售金额/元
1	经典译林·海底两万里(新)	189 239	经典译林·海底两万里(新)	4 920 214
2	中国科幻基石丛书·三体(典藏版)	121 569	中国科幻基石丛书·三体Ⅲ-死神永生(典藏版)	3 633 072
3	中国科幻基石丛书·三体Ⅱ-黑暗森林(典藏版)	80 285	中国科幻基石丛书·三体Ⅱ-黑暗森林(典藏版)	3 371 970

排名	实体店销售量TOP30		实体店销售金额TOP30	
	书名	销售量/册	书名	销售金额/元
4	食尚生活	78 323	中国科幻基石丛书·三体(典藏版)	3 160 794
5	中国科幻基石丛书·三体Ⅲ–死神永生(典藏版)	75 689	食尚生活	1 958 075
6	妊娠分娩育儿	47 178	妊娠分娩育儿	1 651 230
7	幻想大王奇遇记(13)——颠倒世界	44 027	我是大医生:医生不说你不懂	1 458 384
8	我是大医生:医生不说你不懂	39 630	中老年健康金钥匙	1 360 000
9	上海堡垒	31 218	必然	1 272 578
10	中国少儿必读金典·十万个为什么(注音版)	27 958	时间之书:余世存说二十四节气	1 230 970
11	星际战争	27 454	上海堡垒	1 186 284
12	养生堂教你健康100分	27 213	中国少儿必读金典·十万个为什么(注音版)	1 112 728.4
13	植物大战僵尸2.武器秘密之你问我答科学漫画——考古卷	25 554	养生堂教你健康100分	1 083 077.4
14	植物大战僵尸2.武器秘密之你问我答科学漫画——奇趣美食卷	25 085	恐龙百科大全	1 079 408
15	七堂极简物理课	23 346	星际战争	1 043 252
16	宇宙往事	23 312	新经典·极简宇宙史	967 626

续表

排名	实体店销售量TOP30		实体店销售金额TOP30	
	书名	销售量/册	书名	销售金额/元
17	我的第一本科学漫画书·儿童百问百答(39)——恐怖迷宫数学	23 032	七堂极简物理课	910 494
18	中国少儿必读金典·世界未解之谜	22 728	中国少儿必读金典·世界未解之谜	904 574.4
19	中国少儿必读金典·恐龙世界大百科	22 685	中国少儿必读金典·恐龙世界大百科	902 863
20	国家教育部推荐读物·语文新课标课外阅读书目·昆虫记(插图典藏本)	22 552	中国少儿必读金典·恐龙王国大发现(注音版)	893 828.4
21	中国少儿必读金典·恐龙王国大发现(注音版)	22 458	宇宙往事	885 856
22	必然	21 941	中国居民膳食指南(2016)	851 904
23	植物大战僵尸2.武器秘密之你问我答科学漫画——健康生活卷	21 899	中国少儿必读金典·十万个为什么	847 939
24	我的第一本科学漫画书·儿童百问百答(38)——攻击与防御	21 742	养生堂之养生厨房	833 173.2
25	中国少儿必读金典·十万个为什么	21 305	失控:全人类的最终命运和结局	801 623
26	养生堂之养生厨房	20 934	DK儿童科学大百科	787 064
27	中老年健康金钥匙	20 000	安德的游戏	770 846.4

续表

排名	实体店销售量TOP30		实体店销售金额TOP30	
	书名	销售量/册	书名	销售金额/元
28	植物大战僵尸2.武器秘密之你问我答科学漫画——森林与湖泊卷	19 731	万物解释者：复杂事物的极简说明书	745 448
29	新经典·极简宇宙史	19 548	那些古怪又让人忧心的问题(珍藏版)	733 924
30	安德的游戏	19 368	我是大医生：医生不说你不懂(2)	712 521.6

就图书内容而言（图3-13、图3-14），"少儿科普百科"类图书表现不俗，在实体店的销售量TOP30所占比例为37%，在销售金额TOP30中所占比例为27%，虽然与2015年出版科普图书统计期间在实体店销售量和销售金额TOP30中所占的比例相比有大幅下降，但仍为实体店销售量与销售金额TOP30中最多的图书类别。"科学幻想小说"类科普图书所占比例也较大，在实体店销售量TOP30中所占比例为30%，在实体店销售金额TOP30中所占比例为27%。

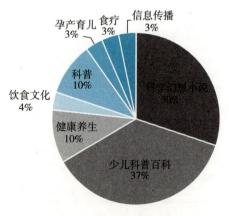

图3-13 2016年出版科普图书统计期间实体店销售量TOP30内容分类情况

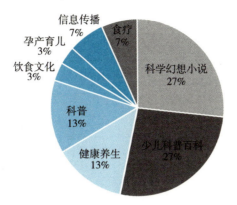

图3-14　2016年出版科普图书统计期间实体店销售金额TOP30内容分类情况

　　就图书作者来说（表3-4），刘慈欣和龚勋的图书进入销售量TOP30和销售金额TOP30的最多，均为5种。刘慈欣进入销售量TOP30的作品除重庆出版社出版的"三体系列"之外，还有北京联合出版公司出版的《星际战争》和《宇宙往事》。龚勋进入销售量TOP30的作品主要是天地出版社出版的"中国少儿必读金典"系列，包括《十万个为什么（注音版）》《世界未解之谜》《恐龙世界大百科》《恐龙王国大发现（注音版）》《十万个为什么》。笑江南的作品也有4种进入销售量TOP30，即中国少年儿童出版社出版的《植物大战僵尸2.武器秘密之你问我答科学漫画》系列（包括考古卷、奇趣美食卷、健康生活卷、森林与湖泊卷），虽然销售量进入TOP30，但因其价格相对较低，所以在销售金额方面并未进入TOP30。

表3-4　实体店销售量TOP30和销售金额TOP30作者及图书数量

（单位：种）

销售量TOP30		销售金额TOP30	
作者	数量	作者	数量
［法］儒勒·凡尔纳	1	［法］儒勒·凡尔纳	1
刘慈欣	5	刘慈欣	5

续表

销售量TOP30		销售金额TOP30	
作者	数量	作者	数量
《中国家庭医生》杂志社	1	《中国家庭医生》杂志社	1
纪向虹、戚红	1	纪向虹、戚红	1
杨鹏	1	北京电视台《我是大医生》栏目组	2
北京电视台《我是大医生》栏目组	1	薛来健	1
江南	1	［英］凯文·凯利	2
龚勋	5	余世存、老树	1
北京电视台《养生堂》栏目组	2	江南	1
笑江南	4	龚勋	5
［意］卡洛·罗韦利	1	北京电视台《养生堂》栏目组	2
［韩］申惠英	1	童趣出版有限公司	1
［法］让-亨利·法布尔	1	［法］克里斯托弗·加尔法德	1
［英］凯文·凯利	1	［意］卡洛·罗韦利	1
［韩］车贤镇	1	中国营养学会	1
薛来健	1	［英］英国DK公司	1
［法］克里斯托弗·加尔法德	1	［美］奥森·斯科特·卡德	1
［美］奥森·斯科特·卡德	1	［美］兰道尔·门罗	2

就价格来看，对比图3-15和图3-16可以发现，实体店销售量TOP30与销售金额TOP30的科普图书价格均集中于40元左右。所不同的是，销售量TOP30中除40元左右的科普图书外，

20～30元的科普图书数量也较多；而销售金额TOP30中，除40元左右的科普图书外，其他图书价格大多在60元以上。销售量TOP30中，30元以下的科普图书有11种，60元以上的科普图书仅1种；而销售金额TOP30中，30元以下的科普图书只有3种，60元以上的科普图书有8种。中信出版集团出版的《DK儿童科学大百科》一书的价格达148元。可以看出，我国科普图书消费者的购买能力并不低，只要图书质量好、内容丰富，价格稍高一些不会对科普图书的销售情况有很大影响。

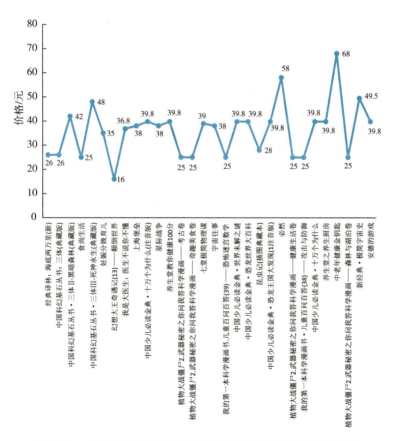

图3-15   2016年出版科普图书实体店销售量TOP30价格分布情况

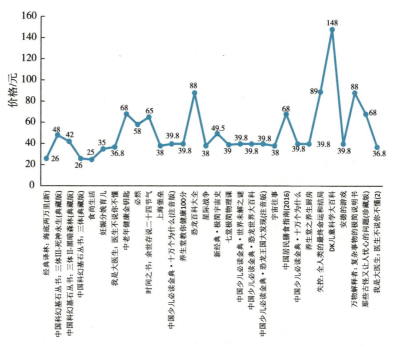

图3-16　2016年出版科普图书实体店销售金额TOP30价格分布情况

　　从出版社来看，实体店销售量TOP30中的科普图书共涉及17家出版社（图3-17）。其中，天地出版社进入实体店销售量TOP30的图书最多，共有5种，即龚勋主编的"中国少儿必读金典"系列图书（5本）；其次为中国少年儿童出版社，有4种科普图书进入销售量TOP30，即笑江南的"植物大战僵尸2.武器秘密之你问我答科学漫画"系列图书（4本）；重庆出版社和二十一世纪出版社集团并列第三位，均有3种科普图书进入销售量TOP30，前者是刘慈欣的"中国科幻基石丛书·三体系列"（3本），后者是杨鹏的《幻想大王奇遇记(13)——颠倒世界》及从韩国引进的科普图书译著"我的第一本科学漫画书·儿童百问百答"系列图书（2本）。实体店销售金额TOP30中的科普图书共涉及18家出版社（图3-18）。其中，天地出版社仍稳占鳌头，有5种科普图书进入TOP30（还是龚勋主编的"中国少儿必读金

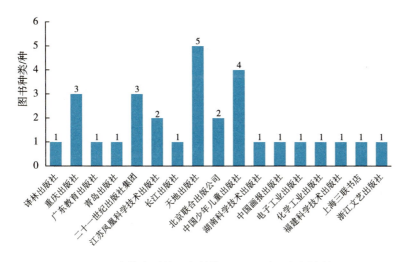

图3-17　实体店科普图书销售量TOP30涉及出版社情况

典"系列图书）；其次是北京联合出版公司，共有4种科普图书进入销售金额TOP30，其中有2本是刘慈欣的作品（《星际战争》《宇宙往事》），另2本为引进版图书，即《万物解释者：复杂事物的极简说明书》和《那些古怪又让人忧心的问题(珍藏版)》；

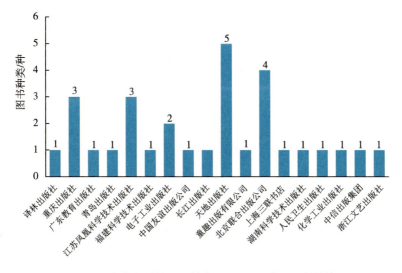

图3-18　实体店科普图书销售金额TOP30涉及出版社情况

重庆出版社和江苏凤凰科学技术出版社并列第3位，均有3种科普图书进入销售金额TOP30，前者是刘慈欣的"中国科幻基石丛书·三体系列"，后者是北京电视台《养生堂》栏目组的《养生堂教你健康100分》和北京电视台《我是大医生》栏目组的"我是大医生：医生不说你不懂"系列图书。

就译著情况来看，实体店销售量TOP30中的译著数量为8种，占TOP30科普图书总数的27%（图3-19），其中译自法国的图书有3种，译自韩国的图书有2种，译自英国、美国、意大利的图书各1种。实体店销售金额TOP30中的译著数量为9种，占TOP30科普图书总数的30%（图3-20），其中译自英国的图书有3种，译自美国的图书有3种，译自法国的图书有2种，译自意大利的图书有1种。与2015年出版科普图书统计期间实体店的销售情况相比，无论是销售量TOP30，还是销售金额TOP30，原创科普图书数量均有所增加，译著数量均在减少，这说明原创科普图书越来越受到国内读者的欢迎，无论是在销售数量，还是在销售金额方面都有所进步。

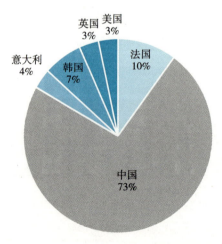

图3-19　实体店科普图书销售量TOP30中译著数量占比情况

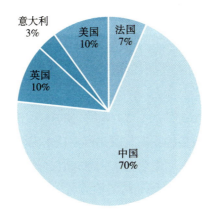

图3-20   实体店科普图书销售金额TOP30中译著数量占比情况

网店销售情况分析

前文已述，2016年出版的14 014种图书在北京开卷信息技术有限公司"全国图书零售市场观测系统"中匹配到的科普图书有12 282种，其中产生动销的有11 946种。在产生动销的这11 946种科普图书中，网店的总销售数量为2 741.93万册，平均每种图书的销售量约为2 295.27册，网店总销售金额为15.67亿元，平均每种图书的销售金额约为13.12万元。从图3-21可以看出，实体店图书销售情况与网店销售情况差距较大。就销售量

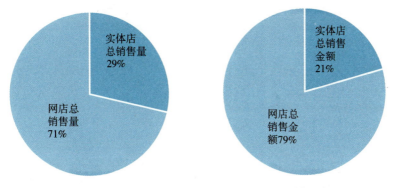

图3-21   2016年出版科普图书统计期间实体店与网店销售情况对比图

来说，网店的总销售量是实体店总销售量的约2.5倍；就总销售金额来说，网店的总销售金额是实体店的近4倍。与2015年出版科普图书统计期间实体店和网店的销售情况相比，两者之间的差距进一步增大了。

从销售排名情况（表3-5）来看，2016年出版科普图书统计期间网店销售量最多的图书是四川科学技术出版社出版的《十月怀胎知识百科全书》，销售量为283 856册；其次为未来出版社出版的《偷偷看里面·农场》和《偷偷看里面·夜晚》，销售量分别为276 260册和268 231册。网店销售金额最多的是北京联合出版公司出版的《环球国家地理百科全书》，总销售金额为16 049 151元，其次为长江出版社出版的《恐龙大探密》和未来出版社出版的《偷偷看里面·农场》，销售金额分别为14 483 700元和11 823 928元。与2015年出版科普图书统计期间的表现对比来看，2016年出版科普图书在统计期间，网店销售量和销售金额TOP30均有大幅减少。从表3-5也可以看出，销售量TOP30与销售金额TOP30有19项重复，其中销售金额TOP30的排名前15名中，有13名均在销售量TOP30中。

表3-5　2016年出版科普图书统计期间网店销售量TOP30
和网店销售金额TOP30

排名	网店销售量TOP30		网店销售金额TOP30	
	书名	销售量/册	书名	销售金额/元
1	十月怀胎知识百科全书	283 856	环球国家地理百科全书	16 049 151
2	偷偷看里面·农场	276 260	恐龙大探索(美绘注音版)	14 483 700
3	偷偷看里面·夜晚	268 231	偷偷看里面·农场	11 823 928
4	恐龙大探索(美绘注音版)	241 395	中国国家地理百科全书	11 816 620

续表

排名	网店销售量TOP30		网店销售金额TOP30	
	书名	销售量/册	书名	销售金额/元
5	国际大奖儿童文学(美绘典藏版).细菌世界历险记	190 956	偷偷看里面·夜晚	11 480 287
6	美国儿科学会育儿百科(定制版)	169 440	美国儿科学会育儿百科(定制版)	11 183 040
7	语文新课标必读丛书·昆虫记(注音美绘版)	145 389	中国:手绘中国地理地图(精装手绘儿童版)	10 596 642
8	语文新课标必读丛书·海底两万里(注音美绘版)	145 204	十月怀胎知识百科全书	10 445 901
9	中国科幻基石丛书·三体(典藏版)	137 800	失控:全人类的最终命运和结局	8 672 961
10	中国科幻基石丛书·三体Ⅲ-死神永生(典藏版)	129 385	神奇的专注力训练游戏书(套装共4册)	8 561 520
11	中国科幻基石丛书·三体Ⅱ-黑暗森林(典藏版)	128 886	时间简史	7 511 172
12	我的第一本地理启蒙书	127 843	必然	6 874 450
13	时间简史	127 308	我的第一本地理启蒙书	6 366 581.4
14	必然	118 525	中国科幻基石丛书·三体Ⅲ-死神永生(典藏版)	6 210 480

续表

排名	网店销售量TOP30		网店销售金额TOP30	
	书名	销售量/册	书名	销售金额/元
15	中国:手绘中国地理地图(精装手绘儿童版)	108 129	中国居民膳食指南(2016)	6 077 500
16	新生儿婴儿幼儿护理大百科	104 321	数码摄影后期高手之路	5 662 944
17	新生儿婴儿护理百科全书	104 199	自我保护意识培养(第1辑)·我不跟你走+别想欺负我	5 578 260
18	失控:全人类的最终命运和结局	97 449	万物解释者:复杂事物的极简说明书	5 493 048
19	名家名译·世界经典文学名著·海底两万里	96 922	中国科幻基石丛书·三体Ⅱ-黑暗森林(典藏版)	5 413 212
20	精准拉伸:疼痛消除和损伤预防的针对性练习	96 556	博物学家的神秘动物图鉴	5 092 498
21	怀孕吃什么宜忌速查	96 388	新生儿婴儿幼儿护理大百科	4 882 222.8
22	养好脾和肺:宝宝不积食 不咳嗽 长大个	94 805	精准拉伸:疼痛消除和损伤预防的针对性练习	4 634 688
23	说医不二:懒兔子漫话中医	94 067	儿童健康讲记:一个中医眼中的儿童健康、心理与教育	4 316 064
24	失传的营养学:远离疾病	93 215	看里面系列·揭秘乘法表	4 118 624.8

续表

排名	网店销售量TOP30		网店销售金额TOP30	
	书名	销售量/册	书名	销售金额/元
25	自我保护意识培养(第1辑)·我不跟你走+别想欺负我	92 971	好忙好忙的大工地	4 083 072
26	儿童健康讲记:一个中医眼中的儿童健康、心理与教育	89 918	软件开发视频大讲堂·Java从入门到精通(第4版)	4 047 283.2
27	中国居民膳食指南(2016)	89 375	一平米健身:硬派健身	3 957 108
28	崔玉涛谈自然养育——看得见的发育	85 870	回家吃饭的智慧(上中下)	3 942 262
29	环球国家地理百科全书	80 649	儿童恐龙小百科(CG仿真版)(全八册)	3 856 998.4
30	七堂极简物理课	75 860	新生儿婴儿护理百科全书	3 834 523.2

　　从图书内容来看，网店销售量TOP30中最多的是"孕产育儿"类科普图书，共有8种，占销售量TOP30的27%；其次为"科学幻想小说"和"少儿科普百科"类科普图书，两者均有6种，均占销售量TOP30的20%（图3-22）。网店销售金额TOP30中最多的是"少儿科普百科"类图书，有11种，占销售金额TOP30的36%；其次是"孕产育儿"类图书，有5种，占销售金额TOP30的17%；"科学幻想小说""低幼启蒙""食疗""健美健身""科学文化"等并列第三位，不过数量不多，每类只有2种，均占销售金额TOP30的7%（图3-23）。与实体店的销售情况相比（图3-13，图3-14），网店销售金额TOP30中的科普图书在内容分类上更为分散一些。

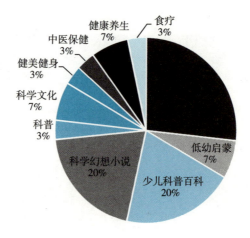

图3-22　网店销售量TOP30中图书内容分类占比情况

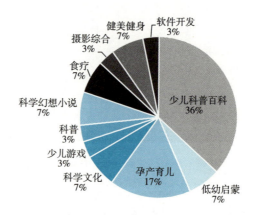

图3-23　网店销售金额TOP30中图书内容分类占比情况

　　从图书作者来看（表3-6），网店销售量TOP30共涉及24位作者，网店销售金额TOP30共涉及26位作者。作品进入网店销售量TOP30的作者中，刘慈欣的作品最多，共有3种；其次为艾贝母婴研究中心、安娜·米尔波恩、儒勒·凡尔纳、凯文·凯利等，各有2种；其余作者均为1种。作品进入网店销售金额TOP30的作者中，刘慈欣、艾贝母婴研究中心、安娜·米尔波恩、凯文·凯利等各有2种作品，其余作者均为1种作品。

表3-6 网店销售量TOP30与网店销售金额TOP30涉及作者及作品数量情况

(单位:种)

网店销售量TOP30		网店销售金额TOP30	
作者	数量	作者	数量
艾贝母婴研究中心	2	王越	1
[英]安娜·米尔波恩	2	孙静、吴飞	1
孙静、吴飞	1	[英]安娜·米尔波恩	2
高士其	1	张妙弟	1
[美]斯蒂文·谢尔弗	1	[美]斯蒂文·谢尔弗	1
[法]让-亨利·法布尔	1	洋洋兔	1
[法]儒勒·凡尔纳	2	艾贝母婴研究中心	2
刘慈欣	3	[英]凯文·凯利	2
郑利强、段虹	1	[英]贝基·威尔逊	1
楚丽萍	1	楚丽萍	1
[英]凯文·凯利	2	郑利强、段虹	1
洋洋兔	1	刘慈欣	2
陈宝英	1	中国营养学会	1
[美]克里斯蒂安·博格	1	李涛	1
刘佳	1	[德]达柯玛尔·盖斯勒	1
徐荣谦	1	[美]兰道尔·门罗	1
懒兔子	1	[法]让-巴普蒂斯特·德·帕纳菲厄	1
王涛	1	[美]克里斯蒂安·博格	1
[德]达柯玛尔·盖斯勒	1	李辛	1
李辛	1	[英]罗斯·狄更斯	1
中国营养学会	1	[法]安妮-索菲·鲍曼	1
崔玉涛	1	明日科技	1
王越	1	斌卡	1
[意]卡洛·罗韦利	1	陈允斌	1
		张柏赫、李京键	1
		陈宝英	1

从价格分布（图3-24，图3-25）来看，网店销售量TOP30中有23种图书价格在60元以下，占销售量TOP30的76.67%，其中有4种图书价格在20元以下；价格在60元及60元以上的只有7种，占网店销售量TOP30的23.33%。与此形成鲜明对比的是，网店销售金额TOP30中价格在60元及60元以上的图书有16种，占网店销售金额TOP30的53.33%；其余图书多集中在40～60元，40元以下的图书只有2种，均为36.8元，没有30元以下的图书。对比图3-24和图3-25可以看出，网店销售量TOP30中有不少作品价格偏低，相对而言，网店销售金额TOP30中的作品价格则偏高一些。实体店销售量TOP30与其销售金额TOP30的情况也大致相同。可以推断出，能进入销售量TOP30的科普图书，除质优之外，价廉也是其畅销的原因之一。

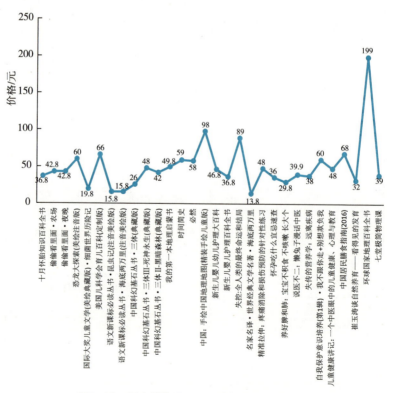

图3-24　网店销售量TOP30图书价格分布情况

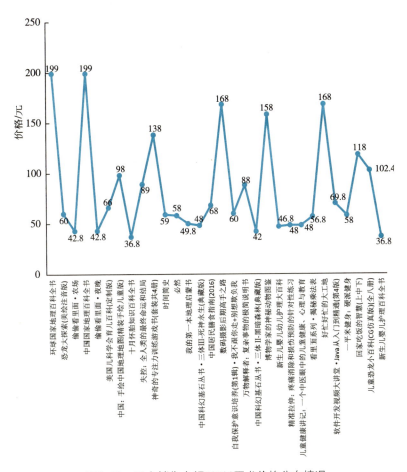

图3-25　网店销售金额TOP30图书价格分布情况

　　从出版社来看（图3-26，图3-27），网店销售量TOP30共涉及20家出版单位，网店销售金额TOP30共涉及19家出版单位。从图3-26和图3-27可以看出，出版图书进入网店销售量TOP30最多的是四川科学技术出版社，共有4种；其次是重庆出版社，有3种；未来出版社、北京日报出版社、中译出版社、电子工业出版社、北京联合出版公司等出版单位各有2种，其余出版单位各有1种。出版图书进入网店销售金额TOP30最多的出版单位是北京联合出版公司和四川科学技术出版社，各有4种；其次是未来出版社，有3种；电子工业出版社、重庆出版社、人民邮电出版社等出版单位各有2种，其余出版单位各有1种。

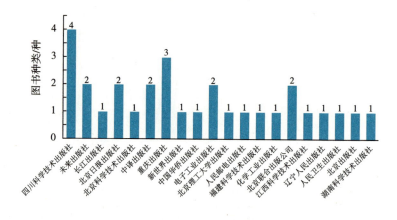

图3-26 网店销售量TOP30涉及出版社情况

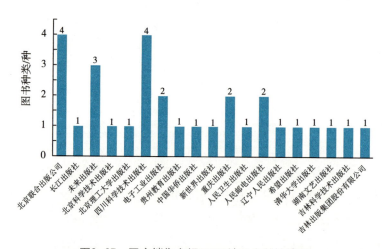

图3-27 网店销售金额TOP30涉及出版社情况

从译著出版情况来看（图3-28，图3-29），网店销售量TOP30中共有译著12种，其中译自英国的最多，有5种，占网店销售量TOP30科普图书总数的17%；其次为译自法国和美国的作品，分别为3种和2种，译自德国和意大利的作品分别为1种。网店销售金额TOP30中共有译著12种，其中译自英国的最多，有7种，占网店销售金额TOP30科普图书总数的23%；其次为译自美国和法国的图书，分别为3种和2种，译自德国的图书有1种。从比例来看，无论是网店销售量TOP30，还是网店销售金额TOP30中，国内原创图书所占比例均高于译著所占的比例。但从在销售量TOP30或销售金额TOP30中的排名来看，一半以上的译著都集中在前15名以内。

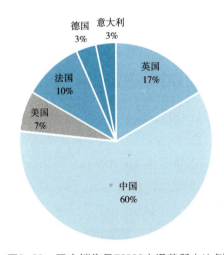

图3-28　网店销售量TOP30中译著所占比例

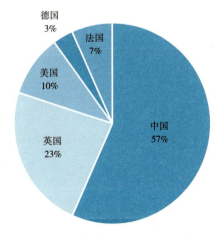

图3-29　网店销售金额TOP30中译著所占比例

第三节　原创科普图书与科普图书译著销售情况分析

　　2016年出版的科普图书中，原创科普图书是11 169种，译自外国的科普图书是2 845种。其中，北京开卷信息技术有限公司"全国图书零售市场观测系统"监测到的原创图书为9 452种，监测到的译著有2 830种。

原创科普图书销售情况分析

　　统计结果（图3-30）显示，2016年出版原创科普图书在统计期间的总销售量为2 584.66万册，其中实体店总销售量为800.67万册，占原创科普图书总销售量的30.98%，网店总销售量为1 783.99万册，占原创科普图书总销售量的69.02%；总销售金额为13.37亿元，其中实体店总销售金额为2.86亿元，占原创科普图书总销售金额的21.39%，网店总销售金额为10.51亿元，占原创科普图书总销售金额的78.61%。对比2015年出版原创科普图书的销售情况，实体店与网店之间的销售差距有较大幅度增加。

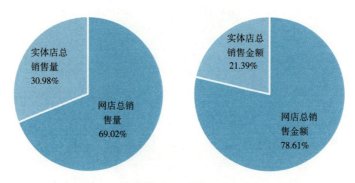

图3-30　2016年出版原创图书总销售量和总销售金额实体店与网店销售情况对比图

从销售量排名（图3-31）来看，原创科普图书销售量最多的是艾贝母婴研究中心的《十月怀胎知识百科全书》（四川科学技术出版社），总销售量约为28.75万册；刘慈欣创作的《三体》（重庆出版社）位居第二位，总销售量约为25.94万册；孙静、吴飞创作的《恐龙大探索(美绘注音版)》（长江出版社）位居第三位，总销售量约为24.15万册。此外，同由重庆出版社出版的刘慈欣的《三体Ⅱ-黑暗森林》和《三体Ⅲ-死神永生》分别居第四位和第五位，销售量分别约为20.92万册和20.51万册。

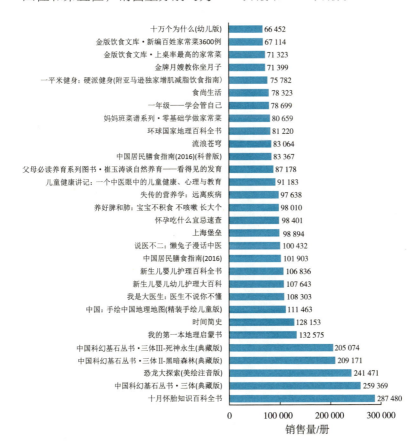

图3-31　2016年出版原创科普图书销售量TOP30

从销售金额排名（图3-32）来看，在原创科普图书中，销售金额最多的是《环球国家地理百科全书》（北京联合出版公司），总销售金额约为1 616.28万元；其次是《恐龙大探索(美绘注音版)》（长江出版社），总销售金额约为1 448.83万元；《中国国家地理百科全书》（北京联合出版公司）位居第三位，总销售金额约为1 190.26万元。而总销售量排名第一的《十月怀胎知识百科全书》则排名第五位，总销售金额约为1 057.93万元。与2015年出版原创科普图书的销售情况相比，2016年出版原创科普图书在销售量和销售金额方面均有

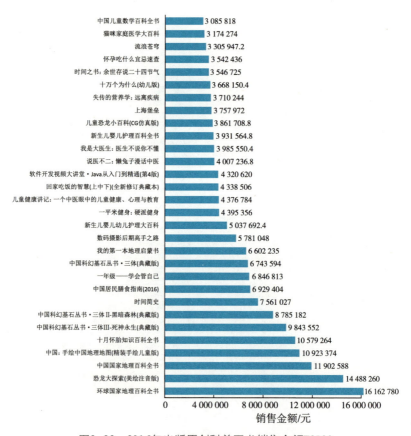

图3-32　2016年出版原创科普图书销售金额TOP30

所增加。

就图书内容而言（图3-33和图3-34），原创科普图书销售量TOP30和销售金额TOP30中，"少儿科普百科""孕产育儿"和"中国幻想小说"等三类图书是较多的。原创科普图书销售量TOP30中涉及"孕产育儿""中国幻想小说""少儿科普百科""中医保健""健康养生""食疗""饮食文化""健美健身""科普"等9类。其中"孕产育儿"类图书最多，有8种；其次是"少儿科普百科"和"中国幻想小说"类图书，分别有6种和5种。原创科普图书销售金额TOP30中涉及11类内容，比销售量TOP30中少了"饮食文化"，多了"摄影综合""宠物""软件开发"类图书，其中内容最多的是"少儿科普百科""孕产育儿"和"中国幻想小说"类，分别为9种、5种和5种。

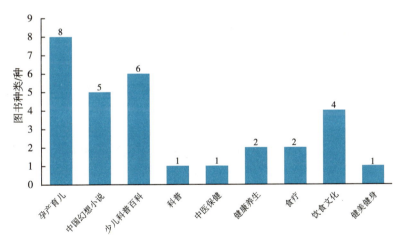

图3-33 2016年出版原创科普图书销售量TOP30图书内容情况

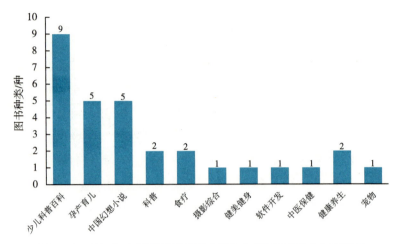

图3-34   2016年出版原创科普图书销售金额TOP30图书内容情况

就图书作者而言，如表3-7所示，进入原创科普图书销售量TOP30的作者共有25位。其中，刘慈欣有3种图书；艾贝母婴研究中心、中国营养学会、甘智荣等各有2种图书；其余作者各有1种。进入销售金额TOP30的作者有27位，其中刘慈欣有3种图书；艾贝母婴研究中心有2种，其余作者各有1种。

表3-7   原创科普图书销售量TOP30及销售金额TOP30中图书对比情况

（单位：种）

原创科普图书销售量TOP30		原创科普图书销售金额TOP30	
作者	数量	作者	数量
艾贝母婴研究中心	2	王越	1
刘慈欣	3	孙静、吴飞	1
孙静、吴飞	1	张妙弟	1
郑利强、段虹	1	洋洋兔	1
楚丽萍	1	艾贝母婴研究中心	2
洋洋兔	1	刘慈欣	3
北京电视台《我是大医生》栏目组	1	楚丽萍	1

续表

原创科普图书销售量TOP30		原创科普图书销售金额TOP30	
作者	数量	作者	数量
艾贝母婴研究中心	1	中国营养学会	1
陈宝英	1	恐龙小Q儿童教育中心	1
中国营养学会	2	郑利强、段虹	1
懒兔子	1	李涛	1
江南	1	斌卡	1
刘佳	1	李辛	1
徐荣谦	1	陈允斌	1
王涛	1	明日科技	1
李辛	1	懒兔子	1
崔玉涛	1	北京电视台《我是大医生》栏目组	1
郝景芳	1	陈宝英	1
王越	1	张柏赫、李京键	1
美食生活工作室	1	江南	1
恐龙小Q儿童教育中心	1	王涛	1
《中国家庭医生》杂志社	1	智慧帽儿童潜能开发中心	1
斌卡	1	余世存、老树	1
甘智荣	2	刘佳	1
智慧帽儿童潜能开发中心	1	郝景芳	1
		林政毅、陈千雯	1
		《中国儿童数学百科全书》编委会	1

就图书价格而言（图3-35和图3-36），原创科普图书销售量TOP30的价格一般在20～60元，只有《环球国家地理百科全书》《中国：手绘中国地理地图（精装手绘儿童版）》《一年级——学会管自己》《中国居民膳食指南（2016）》等几种图书价格在60元以上。在原创科普图书销售金额TOP30中，虽然多数图书价

格在20～60元，但60元以上的图书有12种之多，其中超过百元的图书有6种。可以看出，定价低虽然可以提升销售量，但销售金额的提升还是受到价格的影响较大。

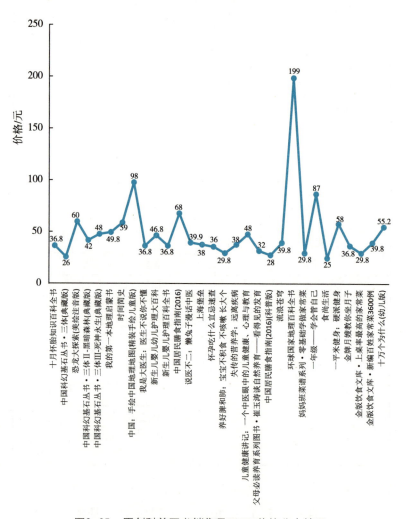

图3-35　原创科普图书销售量TOP30价格分布情况

就出版单位而言（图3-37，图3-38），原创科普图书销售量TOP30共涉及20家出版单位，其中四川科学技术出版社出版的图书进入销售量TOP30的数量最多，共有5种；其次是重庆出版

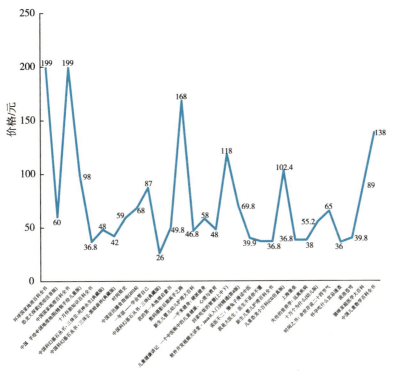

图3-36　原创科普图书销售金额TOP30价格分布情况

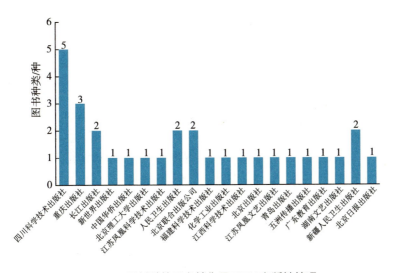

图3-37　原创科普图书销售量TOP30出版社情况

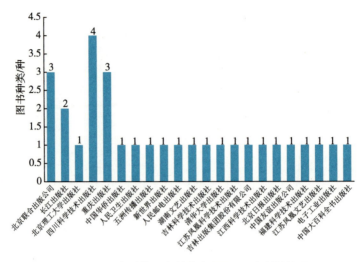

图3-38 原创科普图书销售金额TOP30出版社情况

社，共有3种；长江出版社、人民卫生出版社、北京联合出版公司、新疆人民卫生出版社等几家出版单位各有2种图书进入销售量TOP30；其余出版社各有1种图书进入销售量TOP30。

原创科普图书销售金额TOP30共涉及22家出版单位，其中四川科学技术出版社有4种图书进入销售金额TOP30，位居第一位；其次是北京联合出版公司和重庆出版社，各有3种图书进入销售金额TOP30；长江出版社有2种图书进入销售金额TOP30；其余出版社各有1种图书进入销售金额TOP30。

科普图书译著销售情况分析

统计结果显示，2016年出版科普图书译著在统计期间的总销售量为1 253.43万册，其中实体店总销售量为295.50万册，占科普图书译著总销售量的23.58%，网店总销售量为957.93万册，占科普图书译著总销售量的76.42%；总销售金额为9.2亿元，其中实体店总销售金额为4.05亿元，占科普图书译著总销售金额的44.02%；网店总销售金额为5.15亿元，占科普图书译著总销售金额的55.98%（图3-39）。

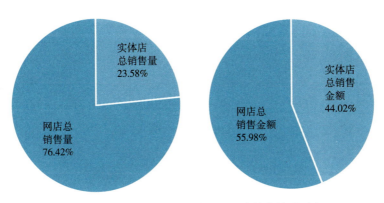

图3-39　科普图书译著实体店与网店销售情况对比

科普图书译著的总销售量占统计期间科普图书总销售量的32.66%，总销售金额占统计期间科普图书总销售金额的46.63%（图3-40）。从总量上来看，科普图书译著在销售量和销售金额方面均不及原创科普图书，但对销售量和销售金额平均之后的情况却相反。如表3-8所示，原创科普图书的平均销售量为2 798.46册，平均销售金额为14.48万元；而科普图书译著的平均销售量为4 429.08册，平均销售金额为32.51万元。可以看出，从单种图书的销售量和销售金额来看，译著还是领先原创科普图书，且与2015年的统计情况相比差距在增大。

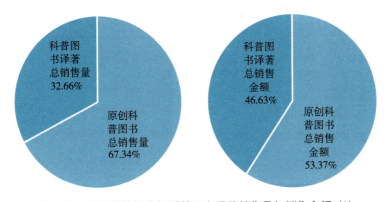

图3-40　原创科普图书与科普图书译著销售量与销售金额对比

表3-8 原创科普图书与科普图书译著平均销售量及平均销售金额对比

项目	平均销售量/册	平均销售金额/万元
原创科普图书	2 798.46	14.48
科普图书译著	4 429.08	32.51

就销售量排名来看，如图3-41、图3-42所示，科普图书译著销售量最多的是《偷偷看里面·农场》（未来出版社），销售量约为28.14万册，与原创科普图书销售量第一名（《十月怀胎知识百科全书》，总销售量约为28.75万册）基本持平；位列第二名和第三名的是《偷偷看里面·夜晚》（未来出版社）与《经典译林·海底两万里（新）》（译林出版社），销售量分别约为27.22万册和26.23万册，与原创科普图书销售量第二名（《三

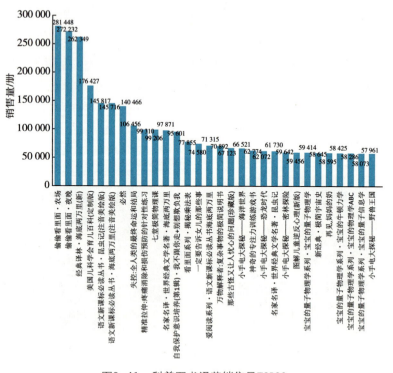

图3-41 科普图书译著销售量TOP30

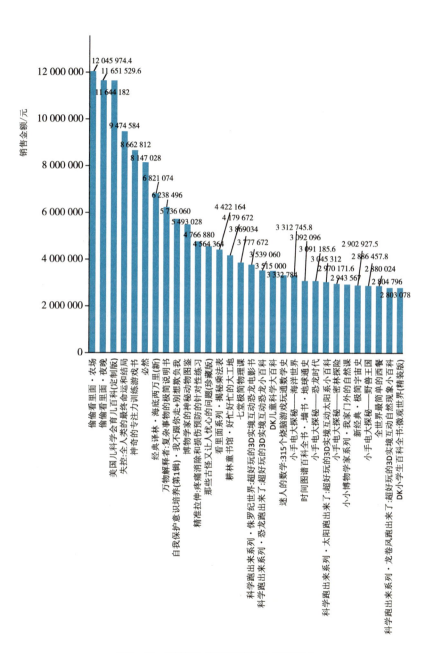

图3-42　科普图书译著销售金额TOP30

体》，总销售量约为25.94万册）、第三名（《恐龙大探索》，总销售量约为24.15万册）也相差不大。科普图书译著销售金额最多的是《偷偷看里面·农场》，销售金额约为1 204.60万元，低于原创科普图书销售金额第一名（《环球国家地理百科全书》，总销售金额约为1 616.28万元）400万左右；总销售金额第二名和第三名为《偷偷看里面·夜晚》《美国儿科学会育儿百科（定制版）》，分别约为1 165.15万元和1 164.42万元。第二名与原创科普图书销售金额第二名（《恐龙大探索》，总销售金额约为1 448.83万元）相比，低了300万元左右；第三名与原创科普图书销售金额第三名（《中国国家地理百科全书》，总销售金额约为1 190.26万元）相差不大。由上述统计数字可以看出，原创科普图书和科普图书译著前3名销售情况基本相同。对照2015年出版科普图书的销售情况，原创科普图书与科普图书译著相比，在销售量和销售金额方面的领先优势均有所下降。从销售量TOP30和销售金额TOP30的平均销售情况来看，科普图书译著销售量TOP30的平均销售量为10.22万册，原创科普图书销售量TOP30的平均销售量为11.7万册；科普图书译著销售金额TOP30的平均销售金额为515.38万元，原创科普图书销售金额TOP30的平均销售金额为630.65万元。由此可以看出，在销售量TOP30和销售金额TOP30中，无论是平均销售量，还是平均销售金额，原创科普图书仍具备一定的优势。但如表3-8所示，整体来看，原创科普图书与科普图书译著的差距仍比较明显。

就作者而言，如表3-9所示，科普图书译著销售量TOP30中共有作者18位，其中克里斯·费利和儒勒·凡尔纳的作品最多，各有4种进入销售量TOP30。安娜·米尔波恩、凯文·凯利、兰道尔·门罗、布莱特·霍夫曼、桑德拉·诺阿、法布尔等各有2种图书进入销售量TOP30，其余作者各有1种。科普图书译著销售金额TOP30中共有作者24位，其中安娜·米尔波恩、凯文·凯利、兰道尔·门罗、卡罗琳·罗兰兹、布莱特·霍夫曼、桑德拉·诺阿等各有2种图书进入销售金额TOP30，其余作者各有1种。

表3-9　科普图书译著销售量TOP30与销售金额TOP30中作者及作品数量

（单位：种）

科普图书译著销售量TOP30		科普图书译著销售金额TOP30	
作者	作品数量	作者	作品数量
［英］安娜·米尔波恩	2	［英］安娜·米尔波恩	2
［法］儒勒·凡尔纳	4	［美］斯蒂文·谢尔弗	1
［美］斯蒂文·谢尔弗	1	［英］凯文·凯利	2
［法］让-亨利·法布尔	2	［英］贝基·威尔逊	1
［英］凯文·凯利	2	［法］儒勒·凡尔纳	1
［美］克里斯蒂安·博格	1	［美］兰道尔·门罗	2
［意］卡洛·罗韦利	1	［德］达柯玛尔·盖斯勒	1
［德］达柯玛尔·盖斯勒	1	［法］让-巴普蒂斯特·德·帕纳菲厄	1
［英］罗斯·狄更斯	1	［美］克里斯蒂安·博格	1
［英］菲力浦·切斯特菲尔德	1	［英］罗斯·狄更斯	1
［美］兰道尔·门罗	2	［法］安妮-索菲·鲍曼	1
［德］布莱特·霍夫曼	2	［意］卡洛·罗韦利	1
［英］贝基·威尔逊	1	［英］卡罗琳·罗兰兹	2
［德］桑德拉·诺阿	2	［英］克莱尔·斯派	1
［英］米里亚姆·恰恰姆	1	［英］英国DK公司	1
［加］克里斯·费利	4	［英］伊凡·莫斯科维奇	1
［法］克里斯托弗·加尔法德	1	［德］布莱特·霍夫曼	2
［日］伴朋子	1	［英］克里斯托弗·劳埃德	1

续表

科普图书译著销售量TOP30		科普图书译著销售金额TOP30	
作者	作品数量	作者	作品数量
		［英］英国卡尔顿出版集团	1
		［德］桑德拉·诺阿	2
		［韩］南妍汀	1
		［法］克里斯托弗·加尔法德	1
		［法］让-弗朗索瓦·马莱	1
		［英］迈克·戈德史密斯	1

就图书价格而言，如图3-43和图3-44所示，科普图书译著销售量TOP30的价格大多集中在20～60元，有4种图书在20元之下，有5种图书在60元之上。这一价格区间和原创图书销售量TOP30的价格集中区域基本相同。科普图书译著销售金额TOP30的价格则相对分散，虽然大多数图书价格集中在40～70元，有2种是在40元以下，但70元以上的图书有11种，其中百元以上的图书有7种。

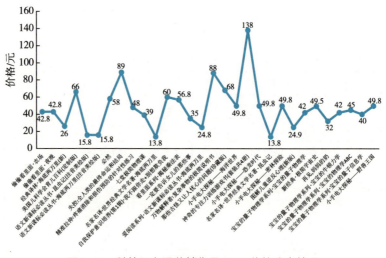

图3-43　科普图书译著销售量TOP30价格分布情况

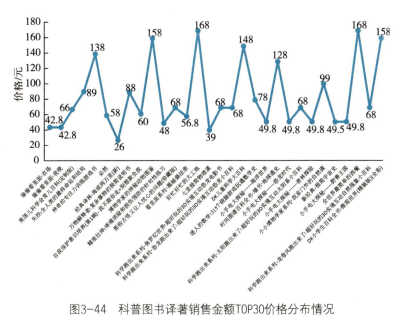

图3-44　科普图书译著销售金额TOP30价格分布情况

就图书内容而言，如图3-45和图3-46所示，科普图书译著销售量TOP30和销售金额TOP30均是"少儿科普百科"类图书最多。译著销售量TOP30中的"少儿科普百科"类图书有13种，译著销售金额TOP30中的"少儿科普百科"类图书有16种之多。

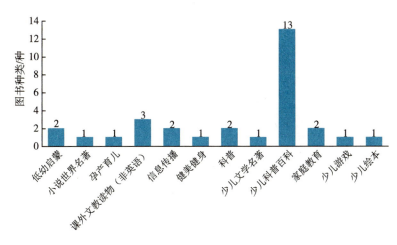

图3-45　科普图书译著销售量TOP30图书内容分类情况

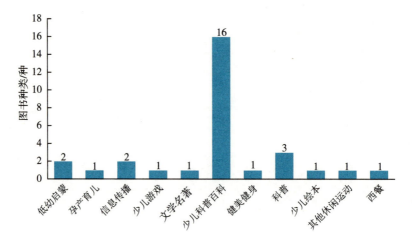

图3-46　科普图书译著销售金额TOP30图书内容分类情况

而且，译著销售量TOP30中有一半以上的图书的读者对象都是少年儿童。

就涉及出版社而言，如图3-47和图3-48所示，在统计期间内，出版科普图书译著进入销售量TOP30最多的出版社是北京联合出版公司、河北少年儿童出版社、中国科学技术大学出版社等，均有4种图书进入销售量TOP30；其次是未来出版社，有

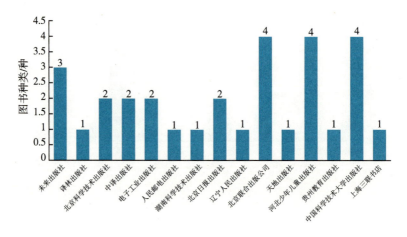

图3-47　科普图书译著销售量TOP30涉及出版社情况

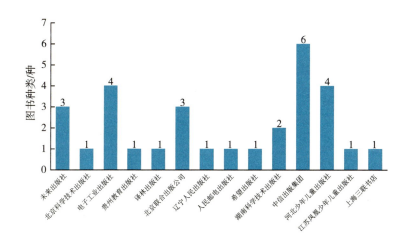

图3-48　科普图书译著销售金额TOP30涉及出版社情况

3种图书进入译著销售量TOP30；而北京科学技术出版社、中译出版社、电子工业出版社、北京日报出版社各有2种图书进入译著销售量TOP30。出版科普图书译著进入译著销售金额TOP30最多的出版社是中信出版集团，共有6种译著进入销售金额TOP30；其次是电子工业出版社和河北少年儿童出版社，各有4种图书进入销售金额TOP30；未来出版社、北京联合出版公司各有3种图书进入销售金额TOP30；湖南科学技术出版社有2种译著进入销售金额TOP30。

　　就图书来源国别而言，如图3-49和图3-50所示，进入译著销售量TOP30最多的来源国别是英国，共有8种图书，占译著销售量TOP30总量的26.67%；其次是译自法国的图书，共有7种，占译著销售量TOP30总量的23.33%；再次是译自德国、美国和加拿大的图书，分别有5种、4种、4种，译自意大利和日本的图书各有1种。进入译著销售金额TOP30最多的来源国别是英国，共有14种，占译著销售金额TOP30总量的46.67%；其次是译自德国、法国和美国的图书，分别有5种、5种、4种；译自意大利和韩国的图书各有1种。

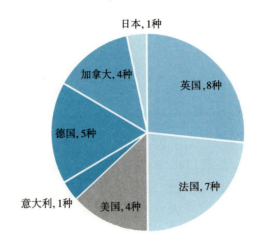

图3-49　科普图书译著销售量TOP30涉及国别情况

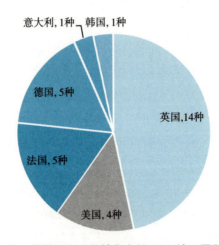

图3-50　科普图书译著销售金额TOP30涉及国别情况

第四节　小　　结

　　总体来说，2016年出版的科普图书中，"少儿科普百科"和"孕产育儿"类的图书仍最受欢迎，"科学幻想小说"类图书也开始受到追捧，这和刘慈欣获得国际科幻大奖及由此掀起的"科幻热"有较大关系。销售量最多的图书的价格一般比较适中，多集中在40～60元；销售金额最多的图书价格则有些偏高，图书内容对读者有吸引力，其销售量表现也不俗。从实体店和网店的销售情况来看，实体店的销售业绩有所回升，但与网店的差距仍在进一步增大。2016年出版原创科普图书的销售表现与2015年相比，有所下降，在销售量和销售金额TOP榜中原创科普图书与科普图书译著的比较优势较2015年有所减小。整体来看，原创科普图书与科普图书译著之间的差距仍明显存在。

附录1 2016年出版科普图书书目（部分）

国际标准书号（ISBN）	书 名	作 者	出版单位
978-7-229-10379-8	2312	［美］金·斯坦利·鲁宾逊著	重庆出版社
978-7-5335-4866-7	"按"好小病痛	李志刚主编	福建科学技术出版社
978-7-5388-8827-0	"拌"出来的开胃菜	甘智荣主编	黑龙江科学技术出版社
978-7-5465-1351-5	"不成"而戒	王海峰著	哈尔滨地图出版社
978-7-5388-8824-9	"炒"出来的下饭菜	甘智荣主编	黑龙江科学技术出版社
978-7-309-12661-7	"拐"个医生做朋友	张丽珍主编	复旦大学出版社
978-7-229-11041-3	"罐"拨病去	李志刚主编	重庆出版社
978-7-5335-4867-4	"罐"起病自消	李志刚主编	福建科学技术出版社
978-7-5346-9853-8	"红喉囊"大强盗	沈思嗣等编著	江苏凤凰少年儿童出版社
978-7-5092-1498-5	"后卫"行动	［美］马歇尔·L.迈克尔三世(Marshall L. Michel Ⅲ)著	中国市场出版社
978-7-5108-4483-6	"蕨"世风华	台湾牛顿出版公司编著	九州出版社
978-7-5337-6787-7	"可怕"的牙医	［英］菲奥娜·麦克唐纳文	安徽科学技术出版社
978-7-229-10925-7	"拿"走病痛	李志刚主编	重庆出版社

续表

国际标准书号（ISBN）	书　名	作　者	出版单位
978-7-5568-1448-0	"七色海"之谜	京鼎动漫编著	二十一世纪出版社集团
978-7-5026-4251-8	"日常十大类"食品安全科普解读	河北省食品检验研究院、河北省食品安全科普教育基地编著	中国质检出版社 中国标准出版社
978-7-121-28641-4	"三高"可防可控可冶	母义明、陈伟、裴育主编	电子工业出版社
978-7-309-12034-9	"三高"人群如何选择保健食品	上海市消费者权益保护委员会编	复旦大学出版社
978-7-121-29587-4	"三高"自我管理宜总全书	姜广建、孙亚玲编著	电子工业出版社
978-7-5101-4430-1	"巫婆"来了	恐龙小Q儿童教育中心编	中国人口出版社
978-7-5675-5175-6	"悟"成长：心与心的对话	郭顺清、路敏编著	华东师范大学出版社
978-7-5452-1829-9	"弦"时代的故事	王沐尘著	上海锦绣文章出版社
978-7-117-22443-7	"心"病莫心忧	欧柏青主编	人民卫生出版社
978-7-229-10980-6	"穴"养健康	李志刚主编	重庆出版社
978-7-5388-8825-6	"蒸"出来的养生菜	甘智荣主编	黑龙江科学技术出版社
978-7-5502-6513-4	《本草纲目》纯天然食材养生速查全书	孟飞编著	北京联合出版公司

续表

国际标准书号（ISBN）	书 名	作 者	出版单位
978-7-5605-8549-9	《本草纲目》对症养生饮食宜忌大全	张俊莉著	西安交通大学出版社
978-7-5091-9100-2	《本草纲目》精编图鉴	路臻、周重建主编	人民军医出版社
978-7-5390-5812-2	《本草纲目》食物养生速查	杨建峰主编	江西科学技术出版社
978-7-5502-8583-5	《本草纲目》养生智慧全书	慈艳丽编著	北京联合出版公司
978-7-5502-8576-7	《本草纲目》中的女人养颜经	张萍编著	北京联合出版公司
978-7-5390-5782-8	《本草纲目》中的养生智慧、食疗良方、长寿方案	焦亮主编	江西科学技术出版社
978-7-5502-8587-3	《本草纲目》中药养生速查全书	李冈荣编著	北京联合出版公司
978-7-5390-5842-9	《本草纲目》中药养生速查全书	杨建峰主编	江西科学技术出版社
978-7-5542-1383-4	《濒湖脉学》白话解口袋书	张大明编著	中原农民出版社

续表

国际标准书号（ISBN）	书　名	作　者	出版单位
978-7-5537-6071-1	《黄帝内经》内养五脏祛百病	王东坡主编	江苏凤凰科学技术出版社
978-7-5364-8512-9	《黄帝内经》生命智慧	曲黎敏著	四川科学技术出版社
978-7-5390-5813-9	《黄帝内经》十二时辰养生经	杨建峰主编	江西科学技术出版社
978-7-5388-8395-4	《黄帝内经》心、肝、脾、肺、肾对症养生	国医编委会主编	黑龙江科学技术出版社
978-7-5364-8510-5	《黄帝内经》养生智慧	曲黎敏著	四川科学技术出版社
978-7-5152-0946-3	《黄帝内经》养生智慧大全	童广民编著	中医古籍出版社
978-7-5502-8585-9	《黄帝内经》养生智慧全书	春之霖编著	北京联合出版公司
978-7-5390-5732-3	《黄帝内经》饮食养生智慧	李青主编	江西科学技术出版社
978-7-5605-8933-6	《黄帝内经》中医养生智慧大全	张俊莉著	西安交通大学出版社
978-7-5646-2930-4	《煤矿安全规程》专家解读课并工煤矿"	袁河津主编	中国矿业大学出版社

续表

国际标准书号（ISBN）	书 名	作 者	出版单位
978-7-5646-3059-1	《煤矿"安全规程"专家释义》	周连春、赵启峰主编	中国矿业大学出版社
978-7-5132-3272-2	《伤寒杂病论》诵读口袋书	张仲景著	中国中医药出版社
978-7-5091-9110-1	《神农本草经》精编图鉴	路臻主编	人民军医出版社
978-7-5502-7758-8	《生活大爆炸》里的科学	[美]戴夫·佐贝尔(Dave Zobel)著	北京联合出版公司
978-7-5461-5151-9	《诗经》里的植物	王佳仪编著	黄山书社
978-7-5381-9410-4	《随息居饮食谱》食养疗病智慧方	胡献国、郑雪丽主编	辽宁科学技术出版社
978-7-5542-1382-7	《汤头歌诀》白话解口袋书	张大明、陈晓燕编著	中原农民出版社
978-7-5443-6957-2	《星际迷航》里的物理学	[美]劳伦斯·M.克劳斯著	海南出版社
978-7-5502-7019-0	《星球大战》里的科学	[美]珍妮·卡维洛斯(Jeanne Cavelos)著	北京联合出版公司
978-7-5542-1381-0	《医学三字经》白话解口袋书	张大明编著	中原农民出版社

续表

国际标准书号（ISBN）	书 名	作 者	出版单位
978-7-5424-2248-4	《医学三字经》实用辑要	尚玉峰主编	甘肃科学技术出版社
978-7-5132-3022-3	《中国公民中医养生保健素养》解读	何清湖主编	中国中医药出版社
978-7-5364-8360-6	十一×÷总动员	龚勋主编	四川科学技术出版社
978-7-5384-9875-2	0~18个月宝宝精心照顾	赵学良主编	吉林科学技术出版社
978-7-5019-8053-6	0~1岁宝宝喂养护理	翟桂荣、任仪荪编著	中国轻工业出版社
978-7-5180-3028-6	0~2岁小公主毛衣视频教程集	张翠、依可爱主编	中国纺织出版社
978-7-5180-3067-5	0~2岁小王子毛衣视频教程集	张翠、依可爱主编	中国纺织出版社
978-7-122-24360-7	0~3岁宝宝饮食营养全书	刘莹主编	化学工业出版社
978-7-5184-0089-8	0~3岁宝宝营养餐	翟桂荣编著	中国轻工业出版社
978-7-5384-9878-3	0~3岁聪明宝宝营养配餐	甘智荣主编	吉林科学技术出版社

续表

国际标准书号（ISBN）	书　名	作　者	出版单位
978-7-5506-2354-5	0～3岁亲子营养手册	王莉主编	凤凰出版社
978-7-5101-3757-0	0～3岁婴幼儿护理全书	刘佳编著	中国人口出版社
978-7-5536-5007-4	0～3岁婴幼儿健康成长指导手册	杭州市人口早期发展协会主编	浙江教育出版社
978-7-5384-9742-7	0～3岁婴幼儿养育大百科	中国优生科学协会学术部主编	吉林科学技术出版社
978-7-5442-6292-7	0～3岁婴幼儿养育教育	许艳艳、于咨、张文华编	南海出版公司
978-7-109-21817-8	0～6岁宝宝最好的成长游戏	［德］格尔达·皮金著	中国农业出版社
978-7-5160-1426-4	0～6岁婴幼儿辅食菜谱大全	段晓猛编著	中国建材工业出版社
978-7-5372-6328-3	0～7岁儿童营养食谱一本通	孙晶丹主编	新疆人民卫生出版社
978-7-5192-1836-2	0-3岁儿童家庭教育读本	李爱勤主编	世界图书出版广东有限公司
978-7-04-044344-8	0-3岁婴儿的保育与教育	文颐主编	高等教育出版社

续表

国际标准书号（ISBN）	书　名	作　者	出版单位
978-7-122-25380-4	0~3岁婴幼儿抚触按摩技巧	刘明军主编	化学工业出版社
978-7-5372-6692-5	0~3岁婴幼儿最佳营养餐	孙晶丹主编	新疆人民卫生出版社
978-7-5152-1320-0	0~6岁营养餐1188例	焦明耀、高思华主编	中医古籍出版社
978-7-5448-4445-1	1.5米的四口之家	粥悦悦著	接力出版社
978-7-5682-1903-7	10~16岁叛逆期	冯爱武编著	北京理工大学出版社
978-7-5180-2555-8	10~18岁青春叛逆期父母送给男孩的枕边书	晓帝编著	中国纺织出版社
978-7-5180-2556-5	10~18岁青春叛逆期父母送给女孩的枕边书	晓帝编著	中国纺织出版社
978-7-121-28644-5	1000日辅食科学喂养	张巍著	电子工业出版社
978-7-5307-6472-5	100磅的难题	[美]詹妮弗·达斯林著	新蕾出版社
978-7-5307-6290-5			
978-7-5180-3029-3	100彩虹钩针	[英]利奥妮·摩根著	中国纺织出版社

续表

国际标准书号（ISBN）	书名	作者	出版单位
978-7-5560-4232-6	100个超级大脑	[意]卢卡·诺维利著绘	长江少年儿童出版社
978-7-115-42119-7	100个奇妙的物理知识	[英]科林·斯图尔特(Colin Stuart)著	人民邮电出版社
978-7-5477-1988-6	100种影响世界的植物	[英]克里斯·比尔德肖(Chris Beardshaw)著	同心出版社
978-7-5180-2556-5	10-18岁青春叛逆期父母送给女孩的枕边书	晓帝编著	中国纺织出版社
978-7-5133-1927-0	101件事儿我怎么没想到	[英]理查德·霍恩(Richard Horne)、[英]特雷西·特纳(Tracey Turner)著	新星出版社
978-7-5192-0557-7	101条建议，让你远离急诊室	[法]吉拉尔德·克埃尔泽兑著	世界图书出版公司
978-7-229-10570-9	10分钟做好营养蒸菜	甘智荣主编	重庆出版社
978-7-5388-8548-4	10分钟做好早餐	甘智荣主编	黑龙江科学技术出版社
978-7-5542-1281-3	10节必学的栽培课	花草游戏编辑部编著	中原农民出版社
978-7-5359-6643-8	115种可饲用天然植物	莫禄华、彭激夫主编	广东科技出版社

续表

国际标准书号（ISBN）	书 名	作 者	出版单位
978-7-121-29915-5	118种奇思妙想的科学与创意游戏	Helen著	电子工业出版社
978-7-5537-7166-3	1200种多肉植物图鉴	王意成、王翔著	江苏凤凰科学技术出版社
978-7-5375-8306-0	12320卫生热线你问我答	赵川、王冬玉、冯素青主编	河北科学技术出版社
978-7-5116-2693-6	12396北京新农村科技服务热线线咨询问答图文精编	张峻峰、孙素芬主编	中国农业科学技术出版社
978-7-115-41953-8	12周练出极致身形	[美]霍利斯·兰斯·利伯曼(Hollis Lance Liebman)著	人民邮电出版社
978-7-5153-4275-7	12周摘掉眼镜恢复视力	[美]爱德华·索夫著	中国青年出版社
978-7-5113-5860-8	130种美与彩图馆	刘慧编著	中国华侨出版社
978-7-5537-5403-1	150个特效穴位对症按摩	吴中朝主编	江苏凤凰科学技术出版社
978-7-5170-4856-5	16课学会网页程序设计	施威铭研究室著	中国水利水电出版社
978-7-5443-6486-7	18世纪的大航海家	[法]儒勒·凡尔纳著	海南出版社
978-7-222-13271-9	1907年中国纪行	[俄]瓦·米·阿列克谢耶夫著	云南人民出版社
978-7-5443-6485-0	19世纪的大旅行家	[法]儒勒·凡尔纳著	海南出版社

续表

国际标准书号（ISBN）	书 名	作 者	出版单位
978-7-5135-8007-6	2036，气候或将灾变	《环球科学》杂志社、外研社科学出版工作室编	外语教学与研究出版社
978-7-118-11106-4	20YY：新概念武器与未来战争形态	[美]简森·埃利斯、[美]保罗·斯查瑞等著	国防工业出版社
978-7-03-047635-7	20世纪物理学	[美]Laurie M Brown，[美]Abraham Pais，[英]Brian Pippard编	科学出版社
978-7-5439-6994-0	21世纪改变人类生活的发明	[法]埃里克·德里德巴丁著	上海科学技术文献出版社
978-7-5027-9393-7	21世纪改点战	[美]戴尔·克努森(Dale E. Knutsen)著	海洋出版社
978-7-5576-1590-1	21天爱上跑步	肖阳著	天津科学技术出版社
978-7-5537-6216-6	28天练出维密天使的身材	[美]小迈克尔·奥拉吉德(Michael Olajide)、迈亚特·墨菲(Myatt Murphy)著	江苏凤凰科学技术出版社
978-7-111-53252-1	28天面对面学维修	张新德、张泽宁等编著	机械工业出版社
978-7-113-21695-5	2天学会Excel表格与数据处理	一线文化编著	中国铁道出版社

续表

国际标准书号（ISBN）	书　名	作　者	出版单位
978-7-113-21859-1	2天学会Office办公应用	一线文化编著	中国铁道出版社
978-7-5575-0282-9	360° 图解恐龙大探秘	姚峰著	吉林美术出版社
978-7-5606-4308-3	3D打印	严进龙、赵述涛、程国建编著	西安电子科技大学出版社
978-7-5636-5444-4	3D打印创意设计	潍坊市创新教育研究院编	中国石油大学出版社
978-7-115-42188-3	3D打印从入门到精通	［美］Anna Kaziunas France编	人民邮电出版社
978-7-5605-8443-0	3D打印青少年趣味课程	黎荔、王永信编著	西安交通大学出版社
978-7-111-52823-4	3D打印轻松上手	［韩］安昶玄著	机械工业出版社
978-7-5537-4860-3	3步学做家常菜	悠悠小麦编著	江苏凤凰科学技术出版社
978-7-309-12442-2	3分钟健身	［澳］库萨・岗瓦德纳著	复旦大学出版社
978-7-5388-9028-0	3分钟经穴美颜按摩术	臧俊岐主编	黑龙江科学技术出版社
978-7-111-53037-4	3岁叛逆期，妈妈怎么办	鲁鹏程著	机械工业出版社
978-7-5484-1608-1	46亿年的地球物语	［美］约翰・H．布瑞德雷著	哈尔滨出版社
978-7-5552-3779-2	475件离奇而又真实的事	美国National Geographic Partners, LLC	青岛出版社

续表

国际标准书号（ISBN）	书　名	作　者	出版单位
978-7-5439-7022-9	72位杰出物理学家	倪德渊编写	上海科学技术文献出版社
978-7-5404-7494-2	90秒抵达安全	［美］杰森·汉森(Jason Hanson)著	湖南文艺出版社
978-7-115-42468-6	92种元素组成神奇宇宙	［英］Adrian Dingle著	人民邮电出版社
978-7-5684-0327-6	B12星球之时空穿越纪事	吕尚著	江苏大学出版社

注：以上为部分书目，更多科普图书书目可扫描表格下方的二维码查询。

（扫描二维码可查看2016年出版科普图书书目）

附录2   科普图书分类数据表

序号	科普图书类型	科普图书种类/种
1	核心科普	6 528
2	泛科普	4 583
3	一般科普	2 903
4	合计	14 014

附录3 科普图书TOP榜单

附表3-1 2016年出版科普图书出版社TOP50

序号	出版社	科普图书种类/种
1	化学工业出版社	571
2	人民邮电出版社	372
3	电子工业出版社	353
4	机械工业出版社	305
5	江苏凤凰科学技术出版社	265
6	北京联合出版公司	253
7	清华大学出版社	233
8	黑龙江科学技术出版社	203
9	中国农业出版社	176
10	科学出版社	173
11	青岛出版社	172
12	上海科学普及出版社	160
13	中国医药科技出版社	156
14	湖北科学技术出版社	150
15	黑龙江美术出版社	148
16	中国人口出版社	145
17	北方妇女儿童出版社	133
18	中国大百科全书出版社	133
19	金盾出版社	125
20	长江少年儿童出版社	122
21	吉林科学技术出版社	121
22	中国纺织出版社	116

续表

序号	出版社	科普图书种类/种
23	汕头大学出版社	113
24	山东科学技术出版社	110
25	中国铁道出版社	106
26	中国电力出版社	106
27	新疆人民卫生出版社	106
28	江西科学技术出版社	103
29	北京科学技术出版社	102
30	长春出版社	101
31	中医古籍出版社	98
32	中国农业科学技术出版社	97
33	四川科学技术出版社	92
34	北京日报出版社	90
35	中译出版社	88
36	福建科学技术出版社	88
37	科学普及出版社	87
38	人民卫生出版社	87
39	作家出版社	86
40	天津科学技术出版社	86
41	二十一世纪出版社集团	85
42	云南科技出版社	85
43	中国少年儿童新闻出版总社	83
44	中信出版集团	83
45	安徽科学技术出版社	81
46	中国轻工业出版社	79
47	湖南科学技术出版社	77
48	九州出版社	74
49	吉林出版集团股份有限公司	72
50	湖南少年儿童出版社	71

附表3-2　2016年科普图书出版地TOP5

序号	出版地	科普图书种类/种
1	北京	6 732
2	长春	620
3	上海	619
4	南京	532
5	武汉	502

附表3-3　2016年科普图书作者TOP50

序号	作者	作品数量/种
1	儒勒·凡尔纳	202
2	甘智荣	148
3	让-亨利·法布尔	112
4	崔钟雷	105
5	龚勋	89
6	《指尖上的探索》编委会	81
7	车艳青	66
8	台湾牛顿出版公司	51
9	龙马高新教育	50
10	胡维勤	49
11	韩雪涛	42
12	纸上魔方	41
13	李志	40
14	张柏赫	36
15	孙静	36
16	燕子	36
17	李继勇	35
18	孙晶丹	35
19	大卫·韦斯特	34

续表

序号	作者	作品数量/种
20	稚子文化	33
21	维·比安基	31
22	刘慈欣	29
23	卢嘉锡	27
24	朝旭科普馆编写组	27
25	杨杨	27
26	臧俊岐	26
27	童趣出版有限公司	26
28	王玉芳	25
29	郑增仪	24
30	高霞	24
31	北视国出版策划团队	23
32	瑞雅	23
33	冯慧娟	23
34	孙茂利	22
35	杨宏伟	22
36	小多(北京)文化传媒有限公司	21
37	金翔龙	21
38	许蓉	21
39	瑾蔚	21
40	卓越教育	20
41	上海淘米网络科技有限公司	20
42	林庆元	20
43	杨桃美食编辑部	20
44	军情视点	19
45	孙锐	19
46	韩启德	19

续表

序号	作者	作品数量/种
47	《安全健康教育读本》编写组	18
48	青少年健康成长教育丛书编写组	17
49	李琼	17
50	波波讲故事	17

附表3-4　2016年科普图书主题词TOP50

序号	主题词	出现频率/次
1	科学知识	822
2	恐龙	555
3	科学幻想小说	433
4	安全教育	355
5	动物	278
6	数学	205
7	婴幼儿	183
8	故事课	175
9	植物	142
10	女性	139
11	汽车	133
12	自然科学	129
13	保健	112
14	儿童文学	108
15	家常菜肴	103
16	常识课	96
17	昆虫学	92
18	昆虫	91
19	儿童故事	88
20	养生(中医)	85

续表

序号	主题词	出现频率/次
21	宇宙	83
22	表处理软件	83
23	妊娠期	82
24	人体	77
25	数字照相机	76
26	小学数学课	75
27	地理	74
28	海洋	70
29	智力游戏	68
30	鸟类	65
31	办公自动化	64
32	健身运动	59
33	森林	54
34	菜谱	54
35	围产期	53
36	物理学	52
37	地球	51
38	科学技术	51
39	小儿疾病	51
40	大学生	49
41	天文学	49
42	蔬菜	47
43	自然科学史	46
44	男性	45
45	糖尿病	45
46	花卉	44
47	图像处理软件	44

续表

序号	主题词	出现频率/次
48	高血压	43
49	老年人	42
50	古动物	40

附表3-5　2016年科普图书译著国别TOP5

序号	译著国别	科普图书种类/种
1	美国	690
2	英国	556
3	法国	525
4	韩国	343
5	日本	319

附表3-6　2016年科普图书译者TOP30（共31位）

序号	作者	作品数量/种
1	陈筱卿	51
2	范晓星	35
3	于水	29
4	龚勋	24
5	李丹	22
6	章科佳	22
7	李恋恋	16
8	杨扬	14
9	彭懿	14
10	李旻	14
11	浪花朵朵童书	13
12	冀康	13

续表

序号	作者	作品数量/种
13	张洁	12
14	吴荣华	12
15	赵炎	12
16	黄缇萦	12
17	兰东辉	12
18	龙彦	11
19	孙远	11
20	小培	11
21	千太阳	11
22	图解百科编译组	11
23	陈晨	11
24	宋龙艺	11
25	刘浏	10
26	代飞	10
27	艾茗	10
28	卡露文化	10
29	金成根	10
30	李树	10
31	杜玲	10

注：第25–31名为并列，因此TOP30实为31名

附表3-7　2016年科普图书销售量TOP30

序号	书名	出版社名称	作者	总销售量/册
1	十月怀胎知识百科全书	四川科学技术出版社	艾贝母婴研究中心	287 480
2	偷偷看里面·农场	未来出版社	［英］安娜·米尔波恩	281 448

续表

序号	书名	出版社名称	作者	总销售量/册
3	偷偷看里面·夜晚	未来出版社	［英］安娜·米尔波恩、［英］西蒙娜·迪米特里	272 232
4	经典译林·海底两万里(新)	译林出版社	［法］儒勒·凡尔纳	262 349
5	中国科幻基石丛书·三体(典藏版)	重庆出版社	刘慈欣	259 369
6	恐龙大探索(美绘注音版)(全6册)	长江出版社	孙静、吴飞	241 471
7	中国科幻基石丛书·三体Ⅱ–黑暗森林(典藏版)	重庆出版社	刘慈欣	209 171
8	中国科幻基石丛书·三体Ⅲ–死神永生(典藏版)	重庆出版社	刘慈欣	205 074
9	国际大奖儿童文学(美绘典藏版)·细菌世界历险记	北京日报出版社	高士其	191 524
10	美国儿科学会育儿百科(定制版)	北京科学技术出版社	［美］斯蒂文·谢尔弗	176 427
11	我的第一本地理启蒙书	新世界出版社	郑利强、段虹	132 575
12	时间简史	中国华侨出版社	楚丽萍	128 153
13	中国：手绘中国地理地图(精装手绘儿童版)	北京理工大学出版社	洋洋兔	111 463
14	我是大医生：医生不说你不懂	江苏凤凰科学技术出版社	北京电视台《我是大医生》栏目组	108 303
15	新生儿婴儿幼儿护理大百科	四川科学技术出版社	艾贝母婴研究中心	107 643

续表

序号	书名	出版社名称	作者	总销售量/册
16	新生儿婴儿护理百科全书	四川科学技术出版社	陈宝英	106 836
17	中国居民膳食指南(2016)	人民卫生出版社	中国营养学会	101 903
18	说医不二：懒兔子漫话中医	北京联合出版公司	懒兔子	100 432
19	精准拉伸：疼痛消除和损伤预防的针对性练习	人民邮电出版社	［美］克里斯蒂安·博格	99 310
20	七堂极简物理课	湖南科学技术出版社	［意］卡洛·罗韦利	99 206
21	怀孕吃什么宜忌速查	福建科学技术出版社	刘佳	98 401
22	养好脾和肺：宝宝不积食 不咳嗽 长大个	化学工业出版社	徐荣谦	98 010
23	名家名译·世界经典文学名著·海底两万里	北京日报出版社	［法］儒勒·凡尔纳	97 871
24	失传的营养学：远离疾病	江西科学技术出版社	王涛	97 638
25	自我保护意识培养(第1辑)·我不跟你走+别想欺负我	辽宁人民出版社	［德］达柯玛尔·盖斯勒	95 601
26	儿童健康讲记：一个中医眼中的儿童健康、心理与教育	四川科学技术出版社	李辛	91 183
27	父母必读养育系列图书·崔玉涛谈自然养育——看得见的发育	北京出版社	崔玉涛	87 178
28	中国居民膳食指南(2016)(科普版)	人民卫生出版社	中国营养学会	83 367

序号	书名	出版社名称	作者	总销售量/册
29	流浪苍穹	江苏凤凰文艺出版社	郝景芳	83 064
30	环球国家地理百科全书	北京联合出版公司	王越	81 220

注：本书销售量统计截至2018年6月30日，余表同。

附表3-8　2016年科普图书实体店销售量TOP30

序号	书名	出版社名称	作者	总销售量/册
1	经典译林·海底两万里(新)	译林出版社	［法］儒勒·凡尔纳	189 239
2	中国科幻基石丛书·三体(典藏版)	重庆出版社	刘慈欣	121 569
3	中国科幻基石丛书·三体Ⅱ–黑暗森林(典藏版)	重庆出版社	刘慈欣	80 285
4	食尚生活	广东教育出版社	《中国家庭医生》杂志社	78 323
5	中国科幻基石丛书·三体Ⅲ–死神永生(典藏版)	重庆出版社	刘慈欣	75 689
6	妊娠分娩育儿	青岛出版社	纪向虹、戚红	47 178
7	幻想大王奇遇记(13)——颠倒世界	二十一世纪出版社集团	杨鹏	44 027
8	我是大医生：医生不说你不懂	江苏凤凰科学技术出版社	北京电视台《我是大医生》栏目组	39 630
9	上海堡垒	长江出版社	江南	31 218
10	中国少儿必读金典·十万个为什么(注音版)	天地出版社	龚勋	27 958

续表

序号	书名	出版社名称	作者	总销售量/册
11	星际战争	北京联合出版公司	刘慈欣	27 454
12	养生堂教你健康100分	江苏凤凰科学技术出版社	北京电视台《养生堂》栏目组	27 213
13	植物大战僵尸2.武器秘密之你问我答科学漫画——考古卷	中国少年儿童出版社	笑江南	25 554
14	植物大战僵尸2.武器秘密之你问我答科学漫画——奇趣美食卷	中国少年儿童出版社	笑江南	25 085
15	七堂极简物理课	湖南科学技术出版社	［意］卡洛·罗韦利	23 346
16	宇宙往事	北京联合出版公司	刘慈欣	23 312
17	我的第一本科学漫画书·儿童百问百答(39)——恐怖迷宫数学	二十一世纪出版社集团	［韩］申惠英	23 032
18	中国少儿必读金典·世界未解之谜	天地出版社	龚勋	22 728
19	中国少儿必读金典·恐龙世界大百科	天地出版社	龚勋	22 685
20	昆虫记(插图典藏本)	中国画报出版社	［法］让-亨利·法布尔	22 552
21	中国少儿必读金典·恐龙王国大发现(注音版)	天地出版社	龚勋	22 458
22	必然	电子工业出版社	［英］凯文·凯利	21 941

续表

序号	书名	出版社名称	作者	总销售量/册
23	植物大战僵尸2.武器秘密之你问我答科学漫画——健康生活卷	中国少年儿童出版社	笑江南	21 899
24	我的第一本科学漫画书·儿童百问百答(38)——攻击与防御	二十一世纪出版社集团	[韩]车贤镇	21 742
25	中国少儿必读金典·十万个为什么	天地出版社	龚勋	21 305
26	养生堂之养生厨房	化学工业出版社	北京电视台《养生堂》栏目组	20 934
27	中老年健康金钥匙	福建科学技术出版社	薛来健	20 000
28	植物大战僵尸2.武器秘密之你问我答科学漫画——森林与湖泊卷	中国少年儿童出版社	笑江南	19 731
29	新经典·极简宇宙史	上海三联书店	[法]克里斯托弗·加尔法德	19 548
30	安德的游戏	浙江文艺出版社	[美]奥森·斯科特·卡德	19 368

附表3-9　2016年科普图书网店销售量TOP30

序号	书名	出版社名称	作者	总销售量/册
1	十月怀胎知识百科全书	四川科学技术出版社	艾贝母婴研究中心	283 856
2	偷偷看里面·农场	未来出版社	[英]安娜·米尔波恩	276 260

续表

序号	书名	出版社名称	作者	总销售量/册
3	偷偷看里面·夜晚	未来出版社	[英]安娜·米尔波恩、[英]西蒙娜·迪米特里	268 231
4	恐龙大探索(美绘注音版)(全6册)	长江出版社	孙静、吴飞	241 395
5	国际大奖儿童文学(美绘典藏版)·细菌世界历险记	北京日报出版社	高士其	190 956
6	美国儿科学会育儿百科(定制版)	北京科学技术出版社	[美]斯蒂文·谢尔弗	169 440
7	语文新课标必读丛书·昆虫记(注音美绘版)	中译出版社	[法]让-亨利·法布尔	145 389
8	语文新课标必读丛书·海底两万里(注音美绘版)	中译出版社	[法]儒勒·凡尔纳	145 204
9	中国科幻基石丛书·三体(典藏版)	重庆出版社	刘慈欣	137 800
10	中国科幻基石丛书·三体III-死神永生(典藏版)	重庆出版社	刘慈欣	129 385
11	中国科幻基石丛书·三体II-黑暗森林(典藏版)	重庆出版社	刘慈欣	128 886
12	我的第一本地理启蒙书	新世界出版社	郑利强、段虹	127 843
13	时间简史	中国华侨出版社	楚丽萍	127 308
14	必然	电子工业出版社	[英]凯文·凯利	118 525

续表

序号	书名	出版社名称	作者	总销售量/册
15	中国：手绘中国地理地图(精装手绘儿童版)	北京理工大学出版社	洋洋兔	108 129
16	新生儿婴儿幼儿护理大百科	四川科学技术出版社	艾贝母婴研究中心	104 321
17	新生儿婴儿护理百科全书	四川科学技术出版社	陈宝英	104 199
18	失控：全人类的最终命运和结局	电子工业出版社	[英]凯文·凯利	97 449
19	名家名译·世界经典文学名著·海底两万里	北京日报出版社	[法]儒勒·凡尔纳	96 922
20	精准拉伸：疼痛消除和损伤预防的针对性练习	人民邮电出版社	[美]克里斯蒂安·博格	96 556
21	怀孕吃什么宜忌速查	福建科学技术出版社	刘佳	96 388
22	养好脾和肺：宝宝不积食 不咳嗽 长大个	化学工业出版社	徐荣谦	94 805
23	说医不二：懒兔子漫话中医	北京联合出版公司	懒兔子	94 067
24	失传的营养学：远离疾病	江西科学技术出版社	王涛	93 215
25	自我保护意识培养(第1辑)·我不跟你走+别想欺负我	辽宁人民出版社	[德]达柯玛尔·盖斯勒	92 971
26	儿童健康讲记：一个中医眼中的儿童健康、心理与教育	四川科学技术出版社	李辛	89 918
27	中国居民膳食指南(2016)	人民卫生出版社	中国营养学会	89 375

续表

序号	书名	出版社名称	作者	总销售量/册
28	父母必读养育系列图书·崔玉涛谈自然养育——看得见的发育	北京出版社	崔玉涛	85 870
29	环球国家地理百科全书	北京联合出版公司	王越	80 649
30	妈妈班菜谱系列·零基础学做家常菜	青岛出版社	美食生活工作室	80 648

附表3-10 2016年原创科普图书销售量TOP30

序号	书名	出版社名称	作者	总销售量/册
1	十月怀胎知识百科全书	四川科学技术出版社	艾贝母婴研究中心	287 480
2	中国科幻基石丛书·三体(典藏版)	重庆出版社	刘慈欣	259 369
3	恐龙大探索(美绘注音版)(全6册)	长江出版社	孙静、吴飞	241 471
4	中国科幻基石丛书·三体Ⅱ-黑暗森林(典藏版)	重庆出版社	刘慈欣	209 171
5	中国科幻基石丛书·三体Ⅲ-死神永生(典藏版)	重庆出版社	刘慈欣	205 074
6	我的第一本地理启蒙书	新世界出版社	郑利强、段虹	132 575
7	时间简史	中国华侨出版社	楚丽萍	128 153
8	中国：手绘中国地理地图(精装手绘儿童版)	北京理工大学出版社	洋洋兔	111 463

续表

序号	书名	出版社名称	作者	总销售量/册
9	我是大医生：医生不说你不懂	江苏凤凰科学技术出版社	北京电视台《我是大医生》栏目组	108 303
10	新生儿婴儿幼儿护理大百科	四川科学技术出版社	艾贝母婴研究中心	107 643
11	新生儿婴儿护理百科全书	四川科学技术出版社	陈宝英	106 836
12	中国居民膳食指南(2016)	人民卫生出版社	中国营养学会	101 903
13	说医不二：懒兔子漫话中医	北京联合出版公司	懒兔子	100 432
14	上海堡垒	长江出版社	江南	98 894
15	怀孕吃什么宜忌速查	福建科学技术出版社	刘佳	98 401
16	养好脾和肺：宝宝不积食 不咳嗽 长大个	化学工业出版社	徐荣谦	98 010
17	失传的营养学:远离疾病	江西科学技术出版社	王涛	97 638
18	儿童健康讲记：一个中医眼中的儿童健康、心理与教育	四川科学技术出版社	李辛	91 183
19	父母必读养育系列图书·崔玉涛谈自然养育——看得见的发育	北京出版社	崔玉涛	87 178
20	中国居民膳食指南(2016)(科普版)	人民卫生出版社	中国营养学会	83 367
21	流浪苍穹	江苏凤凰文艺出版社	郝景芳	83 064
22	环球国家地理百科全书	北京联合出版公司	王越	81 220

续表

序号	书名	出版社名称	作者	总销售量/册
23	妈妈班菜谱系列·零基础学做家常菜	青岛出版社	美食生活工作室	80 659
24	一年级——学会管自己(全6册)	五洲传播出版社	恐龙小Q儿童教育中心	78 699
25	食尚生活	广东教育出版社	《中国家庭医生》杂志社	78 323
26	一平米健身：硬派健身	湖南文艺出版社	斌卡	75 782
27	金牌月嫂教你坐月子	四川科学技术出版社	艾贝母婴研究中心	71 399
28	金版饮食文库·上桌率最高的家常菜	新疆人民卫生出版社	甘智荣	71 323
29	金版饮食文库·新编百姓家常菜3600例	新疆人民卫生出版社	甘智荣	67 114
30	十万个为什么(幼儿版)(全4册)	北京日报出版社	智慧帽儿童潜能开发中心	66 452

附表3-11　2016年科普图书译著销售量TOP30

序号	书名	出版社名称	作者	总销售量/册
1	偷偷看里面·农场	未来出版社	［英］安娜·米尔波恩	281 448
2	偷偷看里面·夜晚	未来出版社	［英］安娜·米尔波恩、［英］西蒙娜·迪米特里	272 232
3	经典译林·海底两万里(新)	译林出版社	［法］儒勒·凡尔纳	262 349

续表

序号	书名	出版社名称	作者	总销售量/册
4	美国儿科学会育儿百科(定制版)	北京科学技术出版社	[美]斯蒂文·谢尔弗	176 427
5	语文新课标必读丛书·昆虫记(注音美绘版)	中译出版社	[法]让–亨利·法布尔	145 817
6	语文新课标必读丛书·海底两万里(注音美绘版)	中译出版社	[法]儒勒·凡尔纳	145 716
7	必然	电子工业出版社	[英]凯文·凯利	140 466
8	失控：全人类的最终命运和结局	电子工业出版社	[英]凯文·凯利	106 456
9	精准拉伸：疼痛消除和损伤预防的针对性练习	人民邮电出版社	[美]克里斯蒂安·博格	99 310
10	七堂极简物理课	湖南科学技术出版社	[意]卡洛·罗韦利	99 206
11	名家名译·世界经典文学名著·海底两万里	北京日报出版社	[法]儒勒·凡尔纳	97 871
12	自我保护意识培养(第1辑)·我不跟你走+别想欺负我	辽宁人民出版社	[德]达柯玛尔·盖斯勒	95 601
13	看里面系列·揭秘乘法表	未来出版社	[英]罗斯·狄更斯、[英]贝妮代塔·乔弗丽特	77 855
14	一定要告诉女儿的那些事	北京联合出版公司	[英]菲力浦·切斯特菲尔德、张敬根、[韩]吉柱、[韩]李佾善	74 580

续表

序号	书名	出版社名称	作者	总销售量/册
15	爱阅读系列·语文新课标必读丛书·海底两万里	天地出版社	[法]儒勒·凡尔纳	71 315
16	万物解释者：复杂事物的极简说明书	北京联合出版公司	[美]兰道尔·门罗	70 892
17	那些古怪又让人忧心的问题(珍藏版)	北京联合出版公司	[美]兰道尔·门罗	67 123
18	小手电大探秘——海洋世界	河北少年儿童出版社	[德]布莱特·霍夫曼	66 521
19	神奇的专注力训练游戏书(套装共4册)	贵州教育出版社	[英]贝基·威尔逊、克莱尔·西皮、苏珊	62 774
20	小手电大探秘——恐龙时代	河北少年儿童出版社	[德]布莱特·霍夫曼	62 072
21	名家名译·世界经典文学名著·昆虫记	北京日报出版社	[法]让-亨利·法布尔	61 730
22	小手电大探秘——密林探险	河北少年儿童出版社	[德]桑德拉·诺阿	59 642
23	图解儿童逆反心理(新版)	北京联合出版公司	[英]米里亚姆·恰恰姆	59 456
24	宝宝的量子物理学系列·宝宝的量子物理学	中国科学技术大学出版社	[加]克里斯·费利	59 414
25	新经典·极简宇宙史	上海三联书店	[法]克里斯托弗·加尔法德	58 645
26	再见，妈妈的奶	北京科学技术出版社	[日]伴朋子	58 595

续表

序号	书名	出版社名称	作者	总销售量/册
27	宝宝的量子物理学系列·宝宝的牛顿力学	中国科学技术大学出版社	［加］克里斯·费利	58 425
28	宝宝的量子物理学系列·宝宝的物理学ABC	中国科学技术大学出版社	［加］克里斯·费利	58 286
29	宝宝的量子物理学系列·宝宝的量子信息学	中国科学技术大学出版社	［加］克里斯·费利	58 073
30	小手电大探秘——野兽王国	河北少年儿童出版社	［德］桑德拉·诺阿	57 961

附表3-12　2016年科普图书总销售金额TOP30

序号	书名	出版社名称	作者	总销售金额/元
1	环球国家地理百科全书	北京联合出版公司	王越	16 162 780
2	恐龙大探索(美绘注音版)(全6册)	长江出版社	孙静、吴飞	14 488 260
3	偷偷看里面·农场	未来出版社	［英］安娜·米尔波恩	12 045 974.4
4	中国国家地理百科全书	北京联合出版公司	张妙弟	11 902 588
5	偷偷看里面·夜晚	未来出版社	［英］安娜·米尔波恩、［英］西蒙娜·迪米特里	11 651 529.6
6	美国儿科学会育儿百科(定制版)	北京科学技术出版社	［美］斯蒂文·谢尔弗	11 644 182

续表

序号	书名	出版社名称	作者	总销售金额/元
7	中国：手绘中国地理地图(精装手绘儿童版)	北京理工大学出版社	洋洋兔	10 923 374
8	十月怀胎知识百科全书	四川科学技术出版社	艾贝母婴研究中心	10 579 264
9	中国科幻基石丛书·三体Ⅲ-死神永生(典藏版)	重庆出版社	刘慈欣	9 843 552
10	中国科幻基石丛书·三体Ⅱ-黑暗森林(典藏版)	重庆出版社	刘慈欣	8 785 182
11	神奇的专注力训练游戏书(套装共4册)	贵州教育出版社	[英]贝基·威尔逊、[英]克莱尔·西皮、苏珊	8 662 812
12	时间简史	中国华侨出版社	楚丽萍	7 561 027
13	中国居民膳食指南(2016)	人民卫生出版社	中国营养学会	6 929 404
14	经典译林·海底两万里(新)	译林出版社	[法]儒勒·凡尔纳	6 821 074
15	中国科幻基石丛书·三体(典藏版)	重庆出版社	刘慈欣	6 743 594
16	我的第一本地理启蒙书	新世界出版社	郑利强、段虹	6 602 235
17	万物解释者：复杂事物的极简说明书	北京联合出版公司	[美]兰道尔·门罗	6 238 496
18	数码摄影后期高手之路	人民邮电出版社	李涛	5 781 048
19	自我保护意识培养(第1辑)·我不跟你走+别想欺负我	辽宁人民出版社	[德]达柯玛尔·盖斯勒	5 736 060

续表

序号	书名	出版社名称	作者	总销售金额/元
20	博物学家的神秘动物图鉴	北京联合出版公司	［法］让-巴普蒂斯特·德·帕纳菲厄、［法］卡米耶·让维萨德	5 493 028
21	新生儿婴儿幼儿护理大百科	四川科学技术出版社	艾贝母婴研究中心	5 037 692.4
22	精准拉伸：疼痛消除和损伤预防的针对性练习	人民邮电出版社	［美］克里斯蒂安·博格	4 766 880
23	那些古怪又让人忧心的问题(珍藏版)	北京联合出版公司	［美］兰道尔·门罗	4 564 364
24	看里面系列·揭秘乘法表	未来出版社	［英］罗斯·狄更斯、［英］贝妮代塔·乔弗丽特	4 422 164
25	一平米健身：硬派健身	湖南文艺出版社	斌卡	4 395 356
26	儿童健康讲记：一个中医眼中的儿童健康、心理与教育	四川科学技术出版社	李辛	4 376 784
27	回家吃饭的智慧(上中下)	吉林科学技术出版社	陈允斌	4 338 506
28	软件开发视频大讲堂·Java从入门到精通(第4版)	清华大学出版社	明日科技	4 320 620
29	好忙好忙的大工地	希望出版社	［法］安妮-索菲·鲍曼、［法］迪迪埃·巴里斯维克	4 179 672

续表

序号	书名	出版社名称	作者	总销售金额/元
30	说医不二：懒兔子漫话中医	北京联合出版公司	懒兔子	4 007 236.8

附表3-13　2016年科普图书实体店销售金额TOP30

序号	书名	出版社名称	作者	总销售金额/元
1	经典译林·海底两万里(新)	译林出版社	［法］儒勒·凡尔纳	4 920 214
2	中国科幻基石丛书·三体Ⅲ-死神永生(典藏版)	重庆出版社	刘慈欣	3 633 072
3	中国科幻基石丛书·三体Ⅱ-黑暗森林(典藏版)	重庆出版社	刘慈欣	3 371 970
4	中国科幻基石丛书·三体(典藏版)	重庆出版社	刘慈欣	3 160 794
5	食尚生活	广东教育出版社	《中国家庭医生》杂志社	1 958 075
6	妊娠分娩育儿	青岛出版社	纪向虹、戚红	1 651 230
7	我是大医生：医生不说你不懂	江苏凤凰科学技术出版社	北京电视台《我是大医生》栏目组	1 458 384
8	中老年健康金钥匙	福建科学技术出版社	薛来健	1 360 000
9	必然	电子工业出版社	［英］凯文·凯利	1 272 578
10	时间之书：余世存说二十四节气	中国友谊出版公司	余世存、老树	1 230 970
11	上海堡垒	长江出版社	江南	1 186 284

续表

序号	书名	出版社名称	作者	总销售金额/元
12	中国少儿必读金典·十万个为什么(注音版)	天地出版社	龚勋	1 112 728.4
13	养生堂教你健康100分	江苏凤凰科学技术出版社	北京电视台《养生堂》栏目组	1 083 077.4
14	恐龙百科大全	童趣出版有限公司	童趣出版有限公司	1 079 408
15	星际战争	北京联合出版公司	刘慈欣	1 043 252
16	新经典·极简宇宙史	上海三联书店	［法］克里斯托弗·加尔法德	967 626
17	七堂极简物理课	湖南科学技术出版社	［意］卡洛·罗韦利	910 494
18	中国少儿必读金典·世界未解之谜	天地出版社	龚勋	904 574.4
19	中国少儿必读金典·恐龙世界大百科	天地出版社	龚勋	902 863
20	中国少儿必读金典·恐龙王国大发现(注音版)	天地出版社	龚勋	893 828.4
21	宇宙往事	北京联合出版公司	刘慈欣	885 856
22	中国居民膳食指南(2016)	人民卫生出版社	中国营养学会	851 904
23	中国少儿必读金典·十万个为什么	天地出版社	龚勋	847 939
24	养生堂之养生厨房	化学工业出版社	北京电视台《养生堂》栏目组	833 173.2

续表

序号	书名	出版社名称	作者	总销售金额/元
25	失控：全人类的最终命运和结局	电子工业出版社	[英]凯文·凯利	801 623
26	DK儿童科学大百科	中信出版集团	[英]英国DK公司	787 064
27	安德的游戏	浙江文艺出版社	[美]奥森·斯科特·卡德	770 846.4
28	万物解释者：复杂事物的极简说明书	北京联合出版公司	[美]兰道尔·门罗	745 448
29	那些古怪又让人忧心的问题(珍藏版)	北京联合出版公司	[美]兰道尔·门罗	733 924
30	我是大医生：医生不说你不懂(2)	江苏凤凰科学技术出版社	北京电视台《我是大医生》栏目组	712 521.6

附表3-14　2016年科普图书网店销售金额TOP30

序号	书名	出版社名称	作者	总销售金额/元
1	环球国家地理百科全书	北京联合出版公司	王越	16 049 151
2	恐龙大探索(美绘注音版)(全6册)	长江出版社	孙静、吴飞	14 483 700
3	偷偷看里面·农场	未来出版社	[英]安娜·米尔波恩	11 823 928
4	中国国家地理百科全书	北京联合出版公司	张妙弟	11 816 620
5	偷偷看里面·夜晚	未来出版社	[英]安娜·米尔波恩、[英]西蒙娜·迪米特里	11 480 286.8

续表

序号	书名	出版社名称	作者	总销售金额/元
6	美国儿科学会育儿百科(定制版)	北京科学技术出版社	［美］斯蒂文·谢尔弗	11 183 040
7	中国：手绘中国地理地图(精装手绘儿童版)	北京理工大学出版社	洋洋兔	10 596 642
8	十月怀胎知识百科全书	四川科学技术出版社	艾贝母婴研究中心	10 445 900.8
9	失控：全人类的最终命运和结局	电子工业出版社	［英］凯文·凯利	8 672 961
10	神奇的专注力训练游戏书(套装共4册)	贵州教育出版社	［英］贝基·威尔逊、［英］克莱尔·西皮、苏珊	8 561 520
11	时间简史	中国华侨出版社	楚丽萍	7 511 172
12	必然	电子工业出版社	［英］凯文·凯利	6 874 450
13	我的第一本地理启蒙书	新世界出版社	郑利强、段虹	6 366 581.4
14	中国科幻基石丛书·三体Ⅲ－死神永生(典藏版)	重庆出版社	刘慈欣	6 210 480
15	中国居民膳食指南(2016)	人民卫生出版社	中国营养学会	6 077 500
16	数码摄影后期高手之路	人民邮电出版社	李涛	5 662 944
17	自我保护意识培养(第1辑)·我不跟你走+别想欺负我	辽宁人民出版社	［德］达柯玛尔·盖斯勒	5 578 260
18	万物解释者：复杂事物的极简说明书	北京联合出版公司	［美］兰道尔·门罗	5 493 048

续表

序号	书名	出版社名称	作者	总销售金额/元
19	中国科幻基石丛书·三体Ⅱ-黑暗森林(典藏版)	重庆出版社	刘慈欣	5 413 212
20	博物学家的神秘动物图鉴	北京联合出版公司	[法]让-巴普蒂斯特·德·帕纳菲厄、[法]卡米耶·让维萨德	5 092 498
21	新生儿婴儿幼儿护理大百科	四川科学技术出版社	艾贝母婴研究中心	4 882 222.8
22	精准拉伸：疼痛消除和损伤预防的针对性练习	人民邮电出版社	[美]克里斯蒂安·博格	4 634 688
23	儿童健康讲记：一个中医眼中的儿童健康、心理与教育	四川科学技术出版社	李辛	4 316 064
24	看里面系列·揭秘乘法表	未来出版社	[英]罗斯·狄更斯、[英]贝妮代塔·乔弗丽特	4 118 624.8
25	好忙好忙的大工地	希望出版社	[法]安妮-索菲·鲍曼、[法]迪迪埃·巴里斯维克	4 083 072
26	软件开发视频大讲堂·Java从入门到精通(第4版)	清华大学出版社	明日科技	4 047 283.2
27	一平米健身：硬派健身	湖南文艺出版社	斌卡	3 957 108
28	回家吃饭的智慧(上中下)	吉林科学技术出版社	陈允斌	3 942 262

续表

序号	书名	出版社名称	作者	总销售金额/元
29	儿童恐龙小百科(CG仿真版)(全八册)	吉林出版集团股份有限公司	张柏赫、李京键	3 856 998.4
30	新生儿婴儿护理百科全书	四川科学技术出版社	陈宝英	3 834 523.2

附表3-15　2016年原创科普图书销售金额TOP30

序号	书名	出版社名称	作者	总销售金额/元
1	环球国家地理百科全书	北京联合出版公司	王越	16 162 780
2	恐龙大探索(美绘注音版)	长江出版社	孙静、吴飞	14 488 260
3	中国国家地理百科全书	北京联合出版公司	张妙弟	11 902 588
4	中国：手绘中国地理地图(精装手绘儿童版)	北京理工大学出版社	洋洋兔	10 923 374
5	十月怀胎知识百科全书	四川科学技术出版社	艾贝母婴研究中心	10 579 264
6	中国科幻基石丛书·三体Ⅲ-死神永生(典藏版)	重庆出版社	刘慈欣	9 843 552
7	中国科幻基石丛书·三体Ⅱ-黑暗森林(典藏版)	重庆出版社	刘慈欣	8 785 182
8	时间简史	中国华侨出版社	楚丽萍	7 561 027
9	中国居民膳食指南(2016)	人民卫生出版社	中国营养学会	6 929 404

续表

序号	书名	出版社名称	作者	总销售金额/元
10	一年级——学会管自己(全6册)	五洲传播出版社	恐龙小Q儿童教育中心	6 846 813
11	中国科幻基石丛书·三体(典藏版)	重庆出版社	刘慈欣	6 743 594
12	我的第一本地理启蒙书	新世界出版社	郑利强、段虹	6 602 235
13	数码摄影后期高手之路	人民邮电出版社	李涛	5 781 048
14	新生儿婴儿幼儿护理大百科	四川科学技术出版社	艾贝母婴研究中心	5 037 692.4
15	一平米健身：硬派健身	湖南文艺出版社	斌卡	4 395 356
16	儿童健康讲记：一个中医眼中的儿童健康、心理与教育	四川科学技术出版社	李辛	4 376 784
17	回家吃饭的智慧(上中下)	吉林科学技术出版社	陈允斌	4 338 506
18	软件开发视频大讲堂·Java从入门到精通(第4版)	清华大学出版社	明日科技	4 320 620
19	说医不二：懒兔子漫话中医	北京联合出版公司	懒兔子	4 007 236.8
20	我是大医生：医生不说你不懂	江苏凤凰科学技术出版社	北京电视台《我是大医生》栏目组	3 985 550.4
21	新生儿婴儿护理百科全书	四川科学技术出版社有限公司	陈宝英	3 931 564.8
22	儿童恐龙小百科(CG仿真版)(全八册)	吉林出版集团股份有限公司	张柏赫、李京键	3 861 708.8

续表

序号	书名	出版社名称	作者	总销售金额/元
23	上海堡垒	长江出版社	江南	3 757 972
24	失传的营养学：远离疾病	江西科学技术出版社	王涛	3 710 244
25	十万个为什么(幼儿版)(全4册)	北京日报出版社	智慧帽儿童潜能开发中心	3 668 150.4
26	时间之书：余世存说二十四节气	中国友谊出版公司	余世存、老树	3 546 725
27	怀孕吃什么宜忌速查	福建科学技术出版社	刘佳	3 542 436
28	流浪苍穹	江苏凤凰文艺出版社	郝景芳	3 305 947.2
29	猫咪家庭医学大百科	电子工业出版社	林政毅、陈千雯	3 174 274
30	中国儿童数学百科全书	中国大百科全书出版社	《中国儿童数学百科全书》编委会	3 085 818

附表3-16　2016年科普图书译著销售金额TOP30

序号	书名	出版社名称	作者	总销售金额/元
1	偷偷看里面·农场	未来出版社	［英］安娜·米尔波恩	12 045 974.4
2	偷偷看里面·夜晚	未来出版社	［英］安娜·米尔波恩、［英］西蒙娜·迪米特里	11 651 529.6
3	美国儿科学会育儿百科(定制版)	北京科学技术出版社	［美］斯蒂文·谢尔弗	11 644 182
4	失控：全人类的最终命运和结局	电子工业出版社	［英］凯文·凯利	9 474 584

续表

序号	书名	出版社名称	作者	总销售金额/元
5	神奇的专注力训练游戏书(套装共4册)	贵州教育出版社	［英］贝基·威尔逊、［英］克莱尔·西皮,苏珊	8 662 812
6	必然	电子工业出版社	［英］凯文·凯利	8 147 028
7	经典译林·海底两万里(新)	译林出版社	［法］儒勒·凡尔纳	6 821 074
8	万物解释者:复杂事物的极简说明书	北京联合出版公司	［美］兰道尔·门罗	6 238 496
9	自我保护意识培养(第1辑)·我不跟你走+别想欺负我	辽宁人民出版社	［德］达柯玛尔·盖斯勒	5 736 060
10	博物学家的神秘动物图鉴	北京联合出版公司	［法］让-巴普蒂斯特·德·帕纳菲厄、［法］卡米耶·让维萨德	5 493 028
11	精准拉伸:疼痛消除和损伤预防的针对性练习	人民邮电出版社	［美］克里斯蒂安·博格	4 766 880
12	那些古怪又让人忧心的问题(珍藏版)	北京联合出版公司	［美］兰道尔·门罗	4 564 364
13	看里面系列·揭秘乘法表	未来出版社	［英］罗斯·狄更斯、［英］贝妮代塔·乔弗丽特	4 422 164
14	好忙好忙的大工地	希望出版社	［法］安妮-索菲·鲍曼、［法］迪迪埃·巴里斯维克	4 179 672

续表

序号	书名	出版社名称	作者	总销售金额/元
15	七堂极简物理课	湖南科学技术出版社	[意]卡洛·罗韦利	3 869 034
16	科学跑出来系列·侏罗纪世界：超好玩的3D实境互动恐龙电影书	中信出版集团	[英]卡罗琳·罗兰兹	3 777 672
17	科学跑出来系列·恐龙跑出来了：超好玩的3D实境互动恐龙小百科	中信出版集团	[英]克莱尔·斯派	3 539 060
18	DK儿童科学大百科	中信出版集团	[英]英国DK公司	3 515 000
19	迷人的数学：315个烧脑游戏玩通数学史	湖南科学技术出版社	[英]伊凡·莫斯科维奇	3 332 784
20	小手电大探秘——海洋世界	河北少年儿童出版社	[德]布莱特·霍夫曼	3 312 745.8
21	时间图谱百科全书·墙书·地球通史	江苏凤凰少年儿童出版社	[英]克里斯托弗·劳埃德、[英]帕特里克·斯基普沃斯、[英]安迪·福肖	3 092 096
22	小手电大探秘——恐龙时代	河北少年儿童出版社	[德]布莱特·霍夫曼	3 091 185.6
23	科学跑出来系列·太阳跑出来了：超好玩的3D实境互动太阳系小百科	中信出版集团	[英]英国卡尔顿出版集团	3 045 312
24	小手电大探秘——密林探险	河北少年儿童出版社	[德]桑德拉·诺阿	2 970 171.6
25	小小博物学家系列·我家门外的自然课	中信出版集团	[韩]南妍汀、[韩]李在恩	2 943 567

续表

序号	书名	出版社名称	作者	总销售金额/元
26	新经典·极简宇宙史	上海三联书店	［法］克里斯托弗·加尔法德	2 902 927.5
27	小手电大探秘——野兽王国	河北少年儿童出版社	［德］桑德拉·诺阿	2 886 457.8
28	全世界最简单的西餐	电子工业出版社	［法］让-弗朗索瓦·马莱	2 880 024
29	科学跑出来系列·龙卷风跑出来了：超好玩的3D实境互动自然现象小百科	中信出版集团	［英］卡罗琳·罗兰兹	2 804 796
30	DK小学生百科全书：微观世界(精装版)(全彩)	电子工业出版社	［英］迈克·戈德史密斯	2 803 078

附录4 部分出版社、作译者与学科、来源、主题词等交叉情况明细表

附表4-1 2016年出版社TOP10出版科普图书学科分布情况

（单位：种）

出版社 / 学科分类	化学工业出版社	人民邮电出版社	电子工业出版社	机械工业出版社	江苏凤凰科学技术出版社	北京联合出版公司	清华大学出版社	黑龙江科学技术出版社	中国农业出版社	科学出版社	合计
Z综合性图书	4	15	9	1	6	33	2	3	0	0	73
X环境科学、安全科学	17	14	5	0	1	0	3	0	0	1	41
V航空、航天	0	2	1	5	1	2	0	0	0	3	14
U交通运输	66	2	20	56	1	0	0	0	0	0	145
T工业技术	159	186	125	170	49	24	139	96	7	19	974
S农业科学	146	3	3	24	22	13	1	5	154	13	384
R医药、卫生	78	7	73	5	131	42	20	80	8	28	472
Q生物科学	17	17	32	1	9	38	13	7	4	48	186

续表

出版社\学科分类	化学工业出版社	人民邮电出版社	电子工业出版社	机械工业出版社	江苏凤凰科学技术出版社	北京联合出版公司	清华大学出版社	黑龙江科学技术出版社	中国农业出版社	科学出版社	合计
P天文、地球科学	3	12	14	9	2	8	5	4	0	4	61
O数理科学、化学	8	23	14	2	2	1	14	0	0	10	74
N自然科学总论	6	3	11	1	4	5	4	1	0	37	72
K历史、地理	3	2	1	1	1	27	3	4	0	7	49
J艺术	14	24	8	2	0	1	7	0	0	0	56
I文学	0	13	0	0	0	24	3	0	0	0	40
G文化、科学、教育、体育	21	44	31	4	36	34	9	3	3	3	188
E军事	29	5	6	24	0	1	10	0	0	0	75
合计	571	372	353	305	265	253	233	203	176	173	2 904

附表4-2　2016年出版社TOP30出版科普图书译著来源国别情况

（单位：种）

国别 出版社	德国	日本	韩国	法国	英国	美国	合计
人民邮电出版社	3	16	4	7	31	72	133
北京联合出版公司	1	37	2	10	20	33	103
电子工业出版社	1	10	0	8	50	36	105
机械工业出版社	0	1	12	6	23	34	76
长江少年儿童出版社	11	3	8	9	18	17	66
中信出版集团	2	4	9	5	18	26	64
北京科学技术出版社	8	20	4	4	22	6	64
新蕾出版社	0	0	0	18	0	45	63
湖南少年儿童出版社	0	0	37	0	21	0	58
青岛出版社	0	8	40	0	3	2	53
中译出版社	0	1	0	11	28	0	40

续表

出版社 ＼ 国别	德国	日本	韩国	法国	英国	美国	合计
二十一世纪出版社集团	0	7	33	4	1	1	46
北京日报出版社	0	0	9	30	1	1	41
浙江教育出版社	0	4	16	10	6	2	38
新星出版社	1	1	8	3	4	12	29
上海科学技术文献出版社	0	0	0	14	2	18	34
黄山书社	0	0	33	0	0	0	33
清华大学出版社	10	7	0	0	2	13	32
湖南科学技术出版社	0	8	0	0	3	19	30
现代出版社	0	4	8	7	0	10	29
化学工业出版社	0	5	12	1	0	7	25
未来出版社	0	0	0	4	17	5	26
湖北科学技术出版社	0	5	0	4	1	11	21

续表

出版社＼国别	德国	日本	韩国	法国	英国	美国	合计
安徽少年儿童出版社	0	0	0	0	14	10	24
安徽科学技术出版社	0	0	0	0	19	6	25
海燕出版社	0	0	0	1	0	2	3
中央广播电视大学出版社	0	0	10	1	7	0	18
河北少年儿童出版社	4	0	0	2	4	13	23
希望出版社	0	22	0	1	0	0	23
中国青年出版社	0	1	7	1	1	0	10
合计	41	164	252	161	316	401	1 335

附表4-3 2016年出版科普图书作者TOP10与出版社交叉情况

（单位：种）

作者／出版社	儒勒·凡尔纳	甘智荣	法布尔	崔钟雷	龚勋	《指尖上的探索》编委会	车艳青	台湾牛顿出版公司	龙马高新教育	胡维勤	合计
安徽科学技术出版社	0	0	0	0	13	0	0	0	0	0	13
北京大学出版社	0	0	0	0	0	0	0	0	12	0	12
北京日报出版社	14	0	5	0	0	0	0	0	0	0	19
北京燕山出版社	2	0	2	0	18	0	0	0	0	0	22
哈尔滨出版社	2	0	1	7	0	0	0	0	0	0	10
黑龙江科学技术出版社	0	83	0	0	0	0	0	0	0	13	96
黑龙江美术出版社	12	0	8	80	0	0	0	0	0	0	100
吉林摄影出版社	0	0	14	0	0	0	0	0	0	0	14
江西教育出版社	2	0	0	0	17	0	0	0	0	0	19
江西美术出版社	7	0	3	0	0	0	0	0	0	0	10

续表

出版社 \ 作者	儒勒·凡尔纳	甘智荣	法布尔。	崔钟雷	龚勋	《指尖上的探索》编委会	车艳青	台湾牛顿出版公司	龙马高新教育	胡维勤	合计
九州出版社	0	0	0	0	0	0	0	51	0	0	51
人民邮电出版社	0	0	0	0	0	0	0	0	38	0	38
汕头大学出版社	2	0	0	0	13	0	0	0	0	0	15
上海科学普及出版社	0	0	0	0	0	0	60	0	0	0	60
四川科学技术出版社	0	0	0	0	11	0	0	0	0	0	11
天地出版社	3	0	1	0	11	0	0	0	0	0	15
新疆人民卫生出版社	0	31	0	0	0	0	0	0	0	14	45
中译出版社	8	0	4	0	0	0	0	0	0	0	12
重庆出版社	1	12	0	5	0	0	0	0	0	0	18
化学工业出版社	1	0	0	0	0	81	0	0	0	0	82
合计	54	126	38	92	83	81	60	51	50	27	662

附表4-4　2016年出版科普图书作者TOP10的主题词分布情况

（单位：次）

主题词 \ 作者	儒勒·凡尔纳	甘智荣	法布尔	崔钟雷	龚勋	《指尖上的探索》编委会	车艳青	台湾牛顿出版公司	龙马高新教育	胡维勤	合计
科学幻想小说	197	0	0	0	0	0	0	0	0	0	197
昆虫学	0	0	72	0	0	0	0	0	0	0	72
恐龙	0	0	0	47	4	1	20	0	0	0	72
科学知识	0	0	0	11	25	1	0	33	0	0	70
故事课	0	0	0	0	0	0	40	0	0	0	40
家常菜肴	0	21	0	0	0	0	0	0	0	0	21
昆虫	0	0	17	0	1	1	0	0	0	0	19
动物	0	0	0	11	6	1	0	0	0	0	18
炒菜	0	17	0	0	0	0	0	0	0	0	17
办公自动化	0	0	0	0	0	0	0	0	17	0	17
保健	0	16	0	0	0	0	0	0	0	0	16

续表

主题词 ＼ 作者	儒勒·凡尔纳	甘智荣	法布尔	崔钟雷	龚勋	《指尖上的探索》编委会	车艳青	台湾牛顿出版公司	龙马高新教育	胡维勤	合计
Windows操作系统	0	0	0	0	0	0	0	0	16	0	16
探险	0	0	0	1	13	1	0	0	0	0	15
儿童读物	0	0	0	0	9	0	0	0	0	0	9
数学	0	0	0	0	8	1	0	0	0	0	9
凉菜	0	8	0	0	0	0	0	0	0	0	8
武器	0	0	0	5	3	0	0	0	0	0	8
菜谱	0	7	0	0	0	0	0	0	0	0	7
表处理软件	0	0	0	0	0	0	0	0	7	0	7
川菜	0	6	0	0	0	0	0	0	0	0	6
合计	197	75	89	75	69	6	60	33	40	0	644

附表4-5　译者TOP15与主题词交叉情况

（单位：次）

主题词 \ 译者	陈筱卿	范晓星	于水	龚勋	李丹	章科佳	李恋恋	杨扬	彭懿	李旻	浪花朵朵童书	龚康	张洁	吴荣华	赵炎	合计
科学幻想小说	33	0	0	8	0	0	0	0	0	0	0	0	0	0	0	41
儿童故事	0	32	0	0	0	0	0	0	0	0	0	0	0	0	0	32
自然科学	0	0	0	0	22	0	0	0	0	0	1	0	0	0	0	23
数学	0	0	0	0	0	14	0	0	0	0	0	0	0	2	0	16
常识课	0	0	8	9	0	0	0	0	1	0	0	0	0	0	0	18
昆虫	0	0	0	3	0	0	0	0	0	0	3	0	0	0	0	6
科学知识	0	0	0	0	0	0	0	0	0	0	0	0	6	0	0	6
科学技术	0	0	0	0	0	0	0	0	0	0	0	0	6	0	0	6
安全教育	0	0	5	0	0	0	0	0	0	0	0	0	0	0	0	5
食品营养	0	0	0	0	0	0	0	0	5	0	0	0	0	0	0	5
合计	33	32	13	20	22	14	0	0	6	0	4	0	12	2	0	158